家族の味

はじめに

憎たらしい新型コロナウイルスに、無理やりいい面を見出すとしたら、「家庭料理の魅力が見直された」ということではないでしょうか。はじめて料理をしたらハマってしまい、おうちご飯が楽しくなった、という方も多いみたいです。

夫は生前、「お茶一杯、ごはん一杯でもうちのは格別」と言っていました。味そのものより、きっと、家族で食卓を囲む喜びが格別だったのではないかと思います。

家庭料理は、時代を越えて受け継がれます。うちのおじいさんはアメリカ人だったのですが、日本女性と結婚したとき、牛肉とトマトを塩と胡椒《こしょう》で炒めてお料理を作っていたそうです。当時、日本ではトマトはまだ観賞用だったので、ずいぶん珍しいことをやっていたんですね。でも、とてもおいしかったので、その料理は父の代に受け継がれ、その後、娘の私がバジルやサワークリームを加えてアレンジして、今では、息子の嫁がセロリや玉ねぎも加えて孫たちにも食べさせているみたい。家庭の味が一〇〇年以上も受け継がれるなんて、嬉しいですね。

こうして、味覚で家族がつながって、絆を強くすることを、私は〝ベロシップ〟と呼んでいます。スキンシップならぬベロシップ。忙しくてスキンシップが足りないときでも、家族に心のこもったお料理を作っていれば、知らず知らずのうちに強い絆で結ばれていくんじゃないかしら。

家庭はいちばん安心できる場所。そこを笑顔で満たすには、おいしい料理が近道です。だから、私のモットーは、「キッチンから幸せ発信!」。多くのご家庭に、おいしい幸せが届くようにと、いつも願っています。

令和三年三月吉日

平野レミ

家族の味　目次

装丁　川名潤
協力　中村千晶
『婦人公論』編集部（中央公論新社）

「素人だから」がスタート地点

お料理の話をします。
だけど私、本当はシャンソン歌手です。今はお料理の方が忙しくなっちゃったけど。肩書きに「料理研究家」と書かれることがありますが、「それはやめてください」と言ってます。「研究家」はおこがましい。私は料理学校に行ったことがないし、「研究」もしていません。ただ好きなだけ。だから「料理愛好家」にしてくださいとお願いします。これならウソじゃないでしょ。

子どもの頃からお料理することは好きでした。でも三度三度まじめに作るようになったのは結婚してから。夫のために作る。子どもが生まれてからは子どものために作る。子どもが小さい時期はそれなりの工夫をしなきゃいけないので、大人とは別のものになりますね。

少し大きくなれば大人と同じものでいいけど、今度は時間帯の問題が出てきます。幼稚園に行く時間、夫が起きてくる時間、それぞれに合わせて朝食の仕度。あ、お弁当もあった。

夫の帰宅時間が子どもが寝る時間より遅くなることもあるから、奥さんとお母さんと両方やるのはなかなか大変です。

その上、夫のお客さんもあります。お客さんに夕食を出す。その前にビールのおつまみを作る。一所懸命作りました。おいしくできればみなさん喜んでくれます。「おいしいね、レミちゃん」と言ってくれれば私も嬉しいから、もっとおいしいものを作ろう、という意欲がわきます。

夫のため、子どものため、お客さんのため、そして自分のために頑張りました。「自分で作って自分で食べるとおいしく感じない」と言う人もいますけど、そんなことはないですよ。人に食べてもらうには、誰よりもまず自分が「おいしい！」と思わないと。

もうずいぶん前の話になりますが、長男がまだ小さかった頃、夫の友人で作曲家でピアニストの八木《やぎ》正生《まさお》さんが、「『四季の味』という雑誌にリレー・エッセイを書いたんだけど、次の人に、バトンタッチしなきゃいけないんだ。レミちゃん、引き受けてくれない？」と言いました。私は「だめですよ。文章なんか書けません。料理の専門雑誌だったらなおさらです」と断ろうとしましたが、「いいんだよ。いつもぼくたちに食べさせてくれる、レミちゃんの手料理のことを書いてくれれば」と押し切られて、仕方なく引き受けたんです。八木さんに言われたとおり、いつもの手料理のことを書きました。

そしたらこれが、思いがけない発展をしたんです。リレー・エッセイは文章のページですから、料理のことを書いても写真は載りません。ですけど私の料理のちょっと変わったところが編集部の興味を引いたらしく、私のレシピで実際に作ってみて、それを写真に撮って載せよう、ということになったんですね。ほかにもエッセイを書いた何人かの方たちのお料理と一緒に「素人だからこそ思いつく家庭の味」という題で写真入りで紹介されたの。

うちの焼き豚

焼き豚用の肉を、糸でしばらないで小さなお鍋にギューギューに詰めて、醤油《しょうゆ》ヒタヒタで煮つめるだけ。そのまま薄切りで食べてもいいし、ラーメンや炒飯に入れてもいい。

煮汁も捨てないで、ラーメンに加えたり、炒めものに使ったり。ただし焦がすと苦くなるからご注意。

豚眠菜園《トンミンサイエン》

①キャベツ300グラムを手でちぎりながら熱湯にさっとくぐらせ、水けを切って皿に

敷く。
②しゃぶしゃぶ用の豚肉300グラムを同じく熱湯にさっとくぐらせて、キャベツの上にのせる。
③豆板醤《トウバンジャン》だれをかけてでき上がり。
豆板醤だれはサラダ油大さじ3を熱し、長ねぎのみじん切り1カップ、にんにくのみじん切り大さじ1、豆板醤小さじ¼を20分以上ねっとりするまで炒め、醬油¼カップ、酒大さじ2、砂糖大さじ1と½を加えて、さっと混ぜて火を止める。
豚が野菜畑で眠ってるっていう感じで「豚眠菜園」という中国風の名前を夫がつけてくれました。これが私のオリジナル料理に自分流の名前をつけた第一号です。

このページが好評だったらしくて、シリーズになって、私も「素人」として何度も登場しました。本当に素人だったわけだから。

それを見た女性雑誌が「うちにもお願いします」って。そういう雑誌が少しずつ多くなってきたんです。

素人だってところが受けたのね。主婦としていつも作ってるものを発表してたから、立派な料理の先生が教える料理よりもとっつきやすいってこともあったんでしょう。本格的なフランス料理を作ったりするわけじゃないので、その頃から「私はシェフじゃなくて、シュフ」というのを言い始めて、それがキャッチフレーズみたいになっちゃいました。

そのうちテレビからもお声がかかるようになってね。NHKの「きょうの料理」が最初だったかな。私は歌手だから、テレビに出る経験はたくさんあったんですよ。料理番組ははじめてだったけど、料理は毎日やってることなので、人の前で歌うより緊張はしなかったのね。うちの台所でやるのと同じ。

その日は「牛トマ」を作りました。薄切り牛肉とトマトを炒めるだけの簡単料理。いつものやり方でトマトを手でぐしゃぐしゃっとつぶしたの。放送のあと、NHKに抗議の電話がいっぱいかかってきたんですって。「あの下品なやり方は何だ」って。

そう言えばNHKのお料理の先生はみなさんおしとやかにやってたのね。私みたいに早口でべらべら言いながら、手でトマトをぐちゃっとつぶす人なんかいなかったから、見てる人はびっくりしちゃったんですね。

私はプロデューサーから「視聴者から抗議が来たので、今度から注意してください」と言われました。プロデューサーも上の人から叱《しか》られたんじゃないかしら。でも私は気取ることができないので「私は私のやり方しかできません」と言うしかなかったの。

だからもうテレビからはお呼びがないだろうなと思っていたんです。ところが数日後、新聞のテレビ欄に「平野レミの料理番組はユニークでおもしろい」って批評が出たのね。それでプロデューサーもほっとしたみたい。そのせいか、その後も出演してるってわけ。

今のお話に出てきた「牛トマ」は、実家伝来のものです。簡単なのでお母さんがよく作ってました。お父さんも大好きだったの。パスタやご飯にのせて食べます。

牛トマ（二人分）

①牛肉200グラムは熱湯にさっとくぐらせ、お皿に入れておく。

②熟れたトマトを5、6個湯むきして、手でぐちゃっとつぶしてオリーブ油で炒め、トマトの形がデレデレになったら、お皿の肉をフライパンに戻し、塩、胡椒してでき上がり。生のバジルを加えてもおいしい。

牛肉は肩ロースの薄切りがおいしい。

トマトはまっ赤な完熟のやつ。

箸ではつまめないのでスプーンでどうぞ。

私のお父さんはフランス文学者だけど、詩人でもありました。フランス文学と詩、なんて言うとむずかしい顔をした芸術家だと思うかもしれないけど、ぜーんぜん。すごく明るくて、おかしなことばっかり言って、友だちが多い人でした。

だからいつもお客さんがいっぱい。お母さんは大ぜいのお客さんのためにご飯を作ります。お母さんは料理が上手だったから、ご飯目あてに来るお客さんも多かったようですよ。

大ぜいのお客さんに出すためには、一度にたくさん作らないといけない。材料費もかかります。お父さんは毎日毎日原稿を書いている人だったけど、フランス文学と詩でしょ、原稿料をたくさんもらうわけじゃない。だからお母さんは材料費を安くおさえる工夫をしました。でもおいしく作る。

「安く、手早く、おいしく」――これがお母さんの料理でした。それを今、私が受け継いでいます。

お母さんはお客さんが「おいしい」と言ってくれるのを喜んだと思うけど、それ以上に、お客さんがおいしそうに食べるのを見ているお父さんの嬉しそうな顔が好きだったんじゃないかな、と思うのね。

お母さんはお父さんが大好きだった。お父さんが喜ぶと、お母さんも嬉しかった。だから一所懸命おいしいお料理を作った。そんなふうにも思えます。愛情が最高の調味料なんだ、って。

そんなこと考えたのは大人になってから。子どもの頃は、お母さんが台所でお料理してるのが楽しそうで、興味を持っただけ。お母さんも私が小さいからって邪魔にしないで、そばで見せてくれてたの。

見てると自分でもやりたくなるでしょ。普通は「火があぶない」「庖丁は怖い」って子どもに近づけさせないみたいだけど、うちのお母さんは自由にやらせてくれたんです。

やってみると粉とかパンパン飛んじゃったりするのに、怒られなかった。「あれしちゃだめ」「これしちゃだめ」なんて絶対言わない。お母さんのその方針がとってもよかったんじゃないかなあ、って今になって思います。好奇心の芽を摘まない育て方をしてくれたのね。

私も自分の息子がちっちゃいときに、興味を持ってキッチンにやってきて「お母さん、見せて」「いいよ」「やらせて」「いいよ」なんて台に乗せてやらせてあげるんだけど、見ていられなくなって「はい、もう終わり」なんて、つい止めてしまう。母は私があんなに散らかしたのによく何も言わなかったと思います。

子どもは一度怒られると「あ、やっちゃいけないんだ」って、楽しいことでも手を引っこめるようになっちゃう。その子がそれを好きになるか嫌いになるかを決める大事な瀬戸際なんだということをわかってないとだめですね。

私は料理したいだけして後片づけをしなかった。小さい頃は自分で作ること、食べることで無我夢中だったから、「片づけなさい！」って怒られても無理なの。でもいつか「お母さんにぜんぶやらせてたんだ」って気がついて、責任感も出てきて、自分で片づけるようになりました。

最初は好奇心いっぱいで、やりたいこと、楽しいことを覚えて、成長していくと、やらなきゃいけないこともずいぶんあるんだってことがわかってくるのよね。

オリジナル料理第一号

私は小さい頃、野山に囲まれたところに住んでたから、自然に親しんで楽しかったという思い出がいっぱいあるんです。

自然が豊かな中で育ってよかったなあと思うのは、野菜が生長する姿や、木の枝になってる状態を見てたこと。指先みたいなちっちゃいトマトがだんだん大きくなって、色もまっ赤になっていく、そういう生長の過程を見るのは楽しいし、勉強にもなる。トウモロコシは緑色のカバーみたいな葉っぱをかぶってるでしょ。ぼさぼさの毛が生えてる上の方をちょっと引っぱって開けて、食べごろを見るの。「まだ若いなあ」と思ったらもう一回かぶせて閉じたりして。

キュウリでもナスでも、花がパッと咲いて、そこからだんだん大きくなっていく。

誕生から大きくなるまでぜんぶ知ってるから、野菜のひとつひとつをいとおしく感じるの。スーパーでは食べる直前のきれいな状態で売ってるけど、自然のままの姿に触れられた、っていうのは大きかったと思います。食材のひとつひとつに愛情を持つ。これも料理を楽しむ上でとっても大事なことですから。

あの頃は子どものおやつは駄菓子屋で買うお菓子でしょ。私はそんなものより自分で作るのが好きだった。「おなかすいた、何か食べたいなあ」と思ったら近所にあるもので作りたくなっちゃう。

近所の野菜畑からサツマイモとかカボチャとかとってきちゃってね、庭にかまどを作って薪《まき》を燃やして、お鍋をつるして煮込んで、近所の友だちを呼んで食べさせたり。今で言うとアウトドア・パーティね。

今はお金を出せば何でもすぐ手に入るけど、物がない時代はそういう楽しみもあったんです。だけど黙ってとってきちゃうのはまずかったですね。あるときはとってきた野菜を並べて「らっしゃい、らっしゃい」なんて八百屋さんごっこをして、子どもどうしで売り買いをやったもんだから、「レミちゃんが泥棒して、うちの子どもにもやらせた」って近所で大騒ぎになっちゃった。

私、ガキ大将だったのね。近くに山もあったから、みんな連れて「これから迷子になりに行こう!」って、山の中にどんどん入って行ったこともあったなあ。そしたらほんとに迷子になっちゃって、ちっちゃい子が泣くの。「レミちゃん、帰れないよお」って。どこにも明かりがなくて、真っ暗で、ほんとに怖かった。なんとか無事帰ってきたけど。

山の中でかくれんぼして、木に登ったり茂みの中に入ったり。あるときはきれいな見たこともない魔法の杖を見つけて「わあ、きれい」って手を出したら、スーッと動いた。蛇だったの。

自然の中の何もかもが遊び道具で、いろんな発見があって、のびのびと楽しんだ子ども時代でした。

高校生になってからも都会や人ごみが嫌いで、学校から帰ると鞄をバーンと玄関に

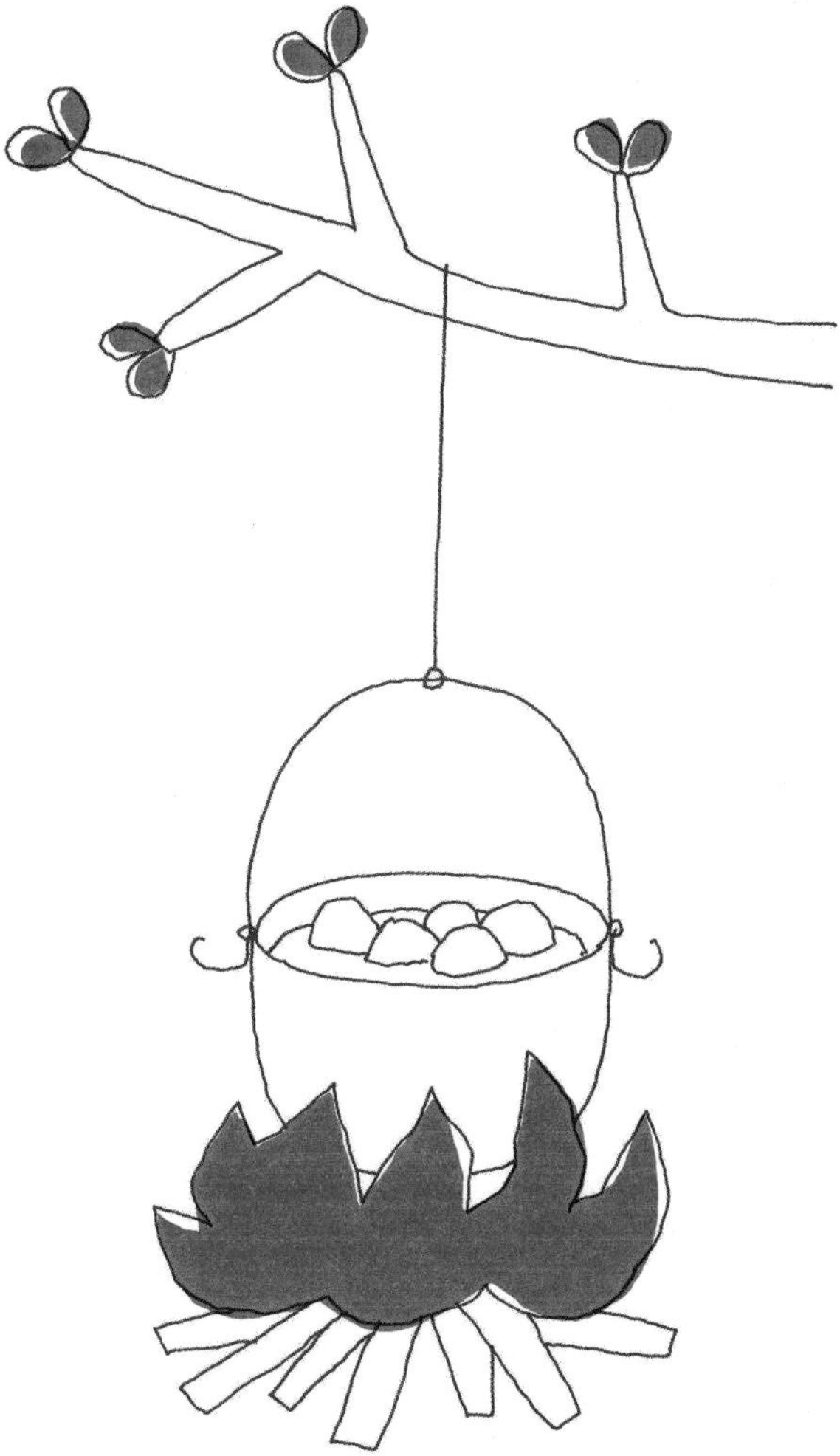

投げて、そのまま山の中に寝に行くの。ほっかほかの枯草が積まれてベッドみたいになってる秘密の場所があって、そこによいしょって乗っかって、夜まで寝ちゃうの。静かで、たまに虫がブーンて飛んでいく音だけ。その静寂が好きで好きで。そのくらい自然が好き。緑が好き。

私、お寺のお坊さんのお嫁さんになりたいと思ったこともあったのよ。お寺なら庭が広くて緑がいっぱいあるでしょ。実際に結婚したのはお坊さんじゃなくて、はじめはアパート暮らしだったけど、今は庭のあるうちに引越して、都会の中ではまあ緑もあるし、のんびり庭を眺める時間が嬉しいです。

小学校の五年生か六年生のときのこと。ある日の夕方おなかがすいて、台所にお母さんがいなかったから自分で夕食を作っちゃった。

庭になってたトマトをとってきて、台所に置いてあったピーマンとタマネギと一緒にお鍋に入れて、うどんも入れて、コトコトコトコトコト煮込んで、味つけは胡椒をガリガリしてでき上がり！　夏のまっ盛りにフーフー言いながら食べて、おいしかったなあ。

これって、誰かに教わったんじゃない。本に出てたわけでもない。自分で身近にあったものを使って作った私のオリジナル料理の第一号です。

「自分で作ったものがこんなにおいしいんだ」と思ったし、「こんな世界があったんだ」って思うくらいの大発見だったわけ。

それから少しずつ自分で料理を作るようになりました。でも小さいときのお料理なんて、ダシとか、むずかしいことは知らないし、味つけも台所にあった固形スープをポンと入れるだけ。

でも、トマトとかタマネギとか、煮込んでるとおいしい旨味がどんどん出てくるってことに気がつくと、野菜には旨味がいっぱい詰まってるんだってわかるでしょ。いろんな種類の野菜を入れると、それだけ複雑な味になって、おいしい。こういうことも自分でチャレンジしているうちにわかってきて、ますます楽しくなっていきました。

母のステーキは天下一品

やりながら自分で発見して覚えていったことも多いけど、お母さんから教えられたこともたくさんあります。

私が小さい頃、カレーをよく作ってくれて、あの頃は固形ルーなんかないので、カレー粉を鍋で炒めて作るの。私がおなかすかせて「早くして早くして」って言うと、「だめ、ちょっと待ってなさい」「どうして?」「粉臭さがなくなるように、よーく炒めないとだめなのよ」なんて言われながら学んでました。さっき母の料理を「安く、手早く、おいしく」と言ったけど、手早いだけじゃだめだってことも教えられたわけ。

うちのお母さんはステーキを焼くのが上手で、天下一品でした。お父さんが詩の会

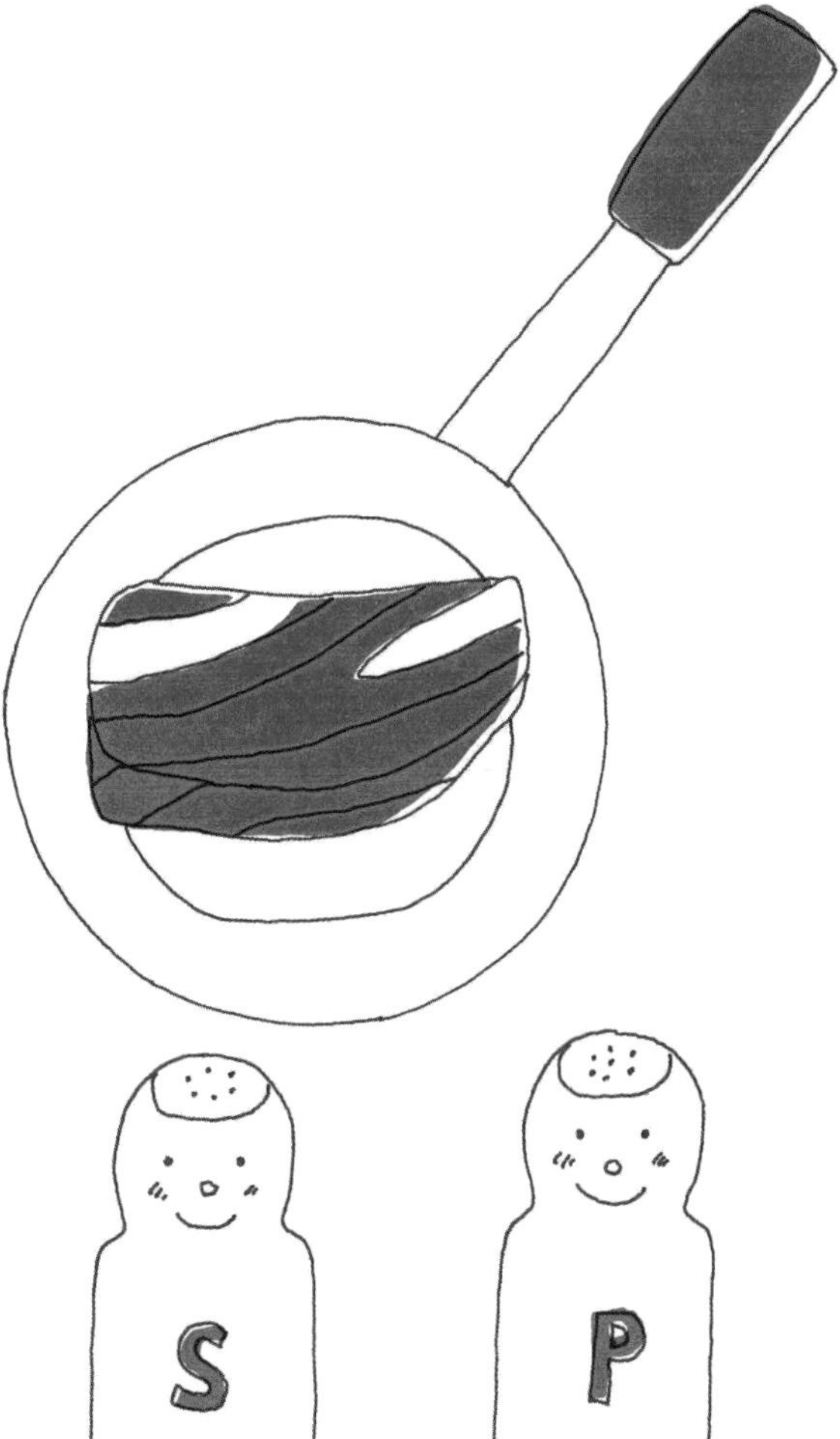
S
P

をやっていて、半年に一度、メンバーが三十人くらい集まる日があるんだけど、その人たちに出すステーキを一枚一枚焼くの。その日だけは特別で、「安く、手早く、おいしく」がモットーのお母さんも「おいしく」だけに絞っちゃうのよ。

母のステーキ

①牛肉（サーロイン）を常温にしておいて、塩と胡椒を片面に振る。
②フライパンを熱くして、サラダ油をひいて、肉を焼く。焼き加減を10とした場合、塩胡椒のついてない面を先に7焼き、裏返して塩胡椒のついている面を3焼く。
③最後に醬油をパッとたらし、バターを少量のせてでき上がり。
赤ワインを少したらしてもいい。

「どうして片面だけ塩胡椒するの？」って聞いたら、「塩胡椒してない面を先に焼くと、肉が片面きれいな状態でいられるから」って言ってました。お母さんは一枚焼くたびに銅のフライパンをていねいに洗ってたけど、それは次に焼く肉の片面をきれいな状態にするためだったのね。

三十人分、一回一回フライパンを洗うって大変よ。でもお母さんは「めんどくさい」って言ったことは一度もありませんでした。これもお料理と、お客さんと、お父さんに対する愛情だったんだなあ、と思います。

母のステーキが評判になって、お客さんが奥さんを連れてくるようになっちゃった。「平野先生の奥さんのステーキを勉強しなさい」って。

私の子どもがちょっと大きくなった頃、「今日はステーキ」って言うと、「ばーばんのステーキがいい」って子どもたちが言うの。子どももあのおいしさがわかってたみたい。

母が言ってたのは「肉は常温」「必ず一枚ずつ」だったけど、四人家族の私はフライパンに四枚ギューギューに入れちゃう。すると母に「それだとフライパンの温度が下がって肉汁が出ちゃうからだめよ」って言われます。

これはせっかく熱したフライパンが、四枚も一度に肉を入れると、熱を四倍取られて早く冷める。肉の表面を素早くジュッと焦がすと、表面がコーティングされて肉汁が出るのを防ぐのに、それができなくなるからだめ、という意味です。

そういうことはわかってたんだけど、私が四人家族になった頃は、もう料理の仕事で結構忙しくなっていましたから、みんなで一緒に食べたい、という気持ちの方が強かったんですね。


私のお父さんのお父さん、つまり私のおじいさんはアメリカ人です。明治時代に日本に来て、日本女性と結婚しました。だから私のお父さんは日米のハーフです。うちでは和服を着て、和紙と墨を使って書画を描いていることが多かったけど、外国のものも大好きでね、コーヒーは毎朝自分で豆から挽《ひ》いていれていたし、ガリガリ胡椒も昔から使ってた。

おいしいものが好きで、私をあっちこっちに連れてって、いろんなものを食べさせてくれたの。上野のアメ横に行って、アメリカのアイスクリーマーや珍しい缶詰を買ったりね。

味にうるさいお父さんだったから、お母さんも頑張ってお料理をしたんでしょうね。

妻として・母として

私がテレビの料理番組に出たり、料理の本を出したりし始めた頃、「ええっ！」てびっくりした人が多かったみたいです。私は歌手でもあるけど、それ以上にテレビやラジオでギャーギャー言うタレントだと思われていたから「まさかあのレミが料理を人に教えるなんて」と不思議がられたのね。

でもわかる人はわかるんですよ。

夫も私と知り合う前は「おかしな歌手だな」と思ってたらしいんだけど、はじめてデートした日にしゃぶしゃぶ屋さんでご飯を食べたの。そのとき私が店員さんに、出てきたたれについて何か質問したんですって。私は憶えてないのよ。でも夫はそれで私が料理に興味がある人だと思ったって言うの。いい奥さんになれそうだって。

たしかに私はお料理に興味があったけど、その頃はまだまだ食材のことなんか何にも知らなかった。つき出しに小さな魚の干したのが出て、それに目が二つとも片側についてたのね。「何この魚、この形？」って驚いて言ったら、彼は「左ヒラメに右カレイだから、これはカレイだよ」って教えてくれたの。「すごい物知りの人だ」と思って、私はすっかり尊敬しちゃったんだけど、あとでそう言ったら「誰でも知ってることだから、そんなことで尊敬しないで」だって。

そのあとしばらくして結婚したんですけどね。結婚式なんかしないで、私が彼のアパートへ行って、近所のスーパーで買ったステーキの肉を焼いて、夫が「ウエディング・マーチ」のレコードをかけて、二人で食べて。「おいしい」って言ってくれたから、これはお母さんに教わった焼き方のおかげでしょうね。

それから彼が言った言葉は、「死ぬまでにあと何千回レミのご飯が食べられるかな」だったの。「あ、この人、食べることに命かけてるのかな。たいへんな人と結婚しちゃった」と思いましたね。次に思ったのは「それならきちっとやればいいんだ、よし、やっちゃおう」でした。

夫が「外で人に会ったとき、毎日レミさんのユニークな料理を食べてるんですかって聞かれて返事に困った」と言うことがあります。私もテレビで作ってるような料理を毎日作ってるわけじゃありません。納豆と海苔《のり》とか、きんぴらごぼうとか、目玉焼きとか、ほうれんそうのごま和えとか、ごくごく普通のものを出すことが多いです。

でも自分のアイデア料理を作ることが好きだから、新しいレシピのものを、黙って置いておくこともあります。そんなときは、ほかに普通のおかずが並んでいても、夫は「ん？　これは何だ」と必ず先に箸をつけるのね。食いしん坊で好奇心が強いから。

それで、ちょっとくらい変なものでも、絶対に「まずい」とは言いません。遠回しに「おもしろい味だけど、ちょっとコクが足りないかな」とか言い方が優しいの。そうすると私ももっとやる気が出て、「よし、ここをこう直して、もう一度作ってみよう」って気持ちになるでしょ。

もし「こんなもん食えねえや」って言われたら「じゃ、自分で作ってよ」って言っちゃうかもしれない。作る人と食べる人って、いい関係じゃないとね。特別に手伝ってくれなくても、いいコメントを言ってくれる人がそばにいると、自信もついてくるし、料理の上達にもつながる。

だから新しいアイデア料理も、悪いけど夫を実験台にすることがよくあります。テレビや雑誌で発表するとなると、どうしてもみんなに「おいしい！」って言ってもらいたいから。


アイデア料理と言っても食べられるものどうしを組み合わせるんだから、そんなに目茶苦茶なことにはならないと思うんです。「らっきょうのチョコレート和え」はまずそうだけど、それだってもしかしたら好きな人がいるかもしれない。ものすごく甘い、とか、ものすごく辛い、とか、そんなふうにならないように気をつければ、たいてい大丈夫。まずは失敗を恐れないでやってみることだと思います。

例えば、「五秒ヴィシソワーズ」は私が和田さんにはじめて教わった組み合わせ。

トマトジュースと牛乳を一対一で割る。たったそれだけ。お好みで塩胡椒を入れてもOKね。冷たいままだとおいしいヴィシソワーズ（冷製スープ）のでき上がり。バジルの葉っぱをちぎってのっけて、オリーブ油を数滴おとせばレストランの味。牛乳が濃厚牛乳だったら完璧超ウマです。

あたためてもいいけど、トマトの酸味で分離してもろもろになることがあります。トマトジュースのメーカーによって、きれいなスープができる。

子どものアイデアも馬鹿にできません。長男がまだ小さいとき、「タマゴヤキニカルピチュイレテ」って言ったんです。卵焼きにカルピス？　まさか！　と私は思ったけど、子どもの言うことは聞いてあげようと、溶き卵一つにカルピスを大さじ一杯入れて混ぜて、フライパンにバターを溶かして、卵焼きを作りました。子ども向きの甘い卵焼きになって、これがおいしいの。

結婚は私の料理の腕を上げました。子どもが生まれたことは、食べ物のことを真剣に考える糸口になりました。

だって子どもが育つのはまず食べ物ですものね。からだにいいものを与えなきゃ、って思うのは当然でしょ。

私が小さい頃は自然のものを食べてすくすく育ったけど、今、加工して売っている食料品のパッケージに書いてある内容を読むと添加物がいっぱい。一回ならたいしたことなくても、毎日毎日からだに溜まっていくと思うとかなり怖いです。

だから私はできるだけ加工してあるものじゃなく、素材を料理するようにしました。添加物の怖さだけじゃなく、でき上がった物を買ってきて子どもに与えるのは、親が手を抜いているようで、うしろめたい気がします。でも仕事を持っていると、料理する時間がなくて、できあいのものに頼らなきゃならないこともあるのね。そんなとき、私は少しだけ手を加えるように努めました。

例えばレトルトのカレー。ニンジンやタマネギ、セロリなどを炒めてから煮て、カレーと一緒にあたためる。クミンやガラムマサラなどのスパイスを入れる。野菜を炒めてから煮るのはでき上がってるカレーの中身と同じやわらかさにするためです。スパイスでわが家の味になる。とにかく子どもにわが家の味を憶えてもらいたいと思うわけ。

子どもが小さいとき、宿題するのも「ここでやりなさい」ってキッチンのテーブルでやらせてたの。私がエプロン姿で立ってる横で。ゴボウを洗ってる水道の音とか、庖丁とまな板でトントンやってる音とか、じゅうじゅう炒めてる音とか、みんな聞かせてね。

子どもがおなかすかせて「何か作って」と言ったら、それを作ってる姿を見せるのが大事だと思ったんです。お母さんが一所懸命作ってるその過程を見てたら、「はい、できたわよ」って言ったときの食べる喜びも倍増するし、待つ時間も楽しくなるでしょう。知らない人が作ったできあいのものをチンするだけで出すのと違って、作るプロセスがわかる。家族のためにお母さんが頑張って料理やってる、って姿を見せてれば、いい子になってくれると思うなあ。

料理って味覚だけじゃなく、食材が調理されて変わっていく姿を見る、調理されてる音を聞く、食材ごとの香りを楽しむ、とかいろんな味わいがあるんだから、料理のプロセスを見るだけでも勉強。色も音も香りも、五感全部で感じられるごちそうなのよ。

ベロシップで家族の絆が強くなる

私がよく使う言葉は「ベロ」です。ちょっと下品に聞こえるかもしれないけど、舌のことね。ちっちゃいときからベロって言ってたから、私にはおなじみの言葉なの。でね、私がお料理の話をしていて「ベロ」と言うときは、舌そのもののことじゃなくて、味覚のことです。

ベロの感覚、つまり味覚は人それぞれ違うでしょ。どんなにグルメの大家と呼ばれる人が絶賛したお店で食べても、たいしたことないって思うこともありますよね。そういうときに「私が間違ってるのかしら」なんて考えない方がいいと思うの。人それぞれだもん。

でもやっぱり、おいしいものを食べて育った人と、そうじゃない人とではベロの感覚が違ってくると思う。私が言う「おいしいもの」は、贅沢《ぜいたく》なものっていう意味じゃないのよ。お母さんが心を込めて作るご飯のこと。

「おふくろの味」って言うじゃないですか。お母さんのお料理が、その人のベロの原点になるんですね。

お母さんのベロは人によってそれぞれ違うから、「おふくろの味」が一つに統一されてるわけじゃない。お母さんはおばあさんに教えられ、おばあさんはそのお母さんに教えられたっていう、代々の味があるし、地方によってもベロの好みは変わってくるでしょう。

だから、どんなに心を込めてお料理してくれるお母さんに育てられても、ベロはひとりひとり違うんです。

というわけで、結婚というのはその問題を抱えてますね。奥さんが一所懸命おいしいお料理を作っても、旦那さんが「口に合わない」と言ったら悲劇でしょ。もちろん愛する人が作れば何でもおいしいと感じることもあるけれど、それが一生続くかどう

かわからない。歩み寄りも必要ですよね。

私の場合、ラッキーなことに、夫とベロの感覚がよく似ていました。と言ってもぴったり一致してたわけでもありません。夫は辛いものが苦手で、私は激辛でも平気。夫は脂っこいものが好きで、私は苦手。でも外食で「あの店がおいしい」という意見はよく合います。私が作るものも「おいしい」と食べてくれるし。

それぞれのお母さんの料理のレパートリーは違っていたでしょうが、家族のために心を込めて作っていたということでは共通してたんだろうと思います。

片方が外食ばっかりしてるうちとか、てんやものばっかりとってたとか、できあいのものを買って子どもに与えてたとかだと、こんなふうにはならないんじゃないかしらね。

うちの子どもがまだちっちゃいとき、遊びに来た友だちと一緒にカレーを食べさせたことがあったの。そしたらその友だちが、「おばちゃん、今日のカレーは辛口？中辛？」って聞くのね。子どもがなんて聞き方するんだろうと思いながら、「うーん、カレーだからちょっと辛いけど」なんて答えてた。あとでハッと気がついたんです。市販のレトルトカレーのパッケージに書いてあるやつだ、ああ、この子のおうちはそれを使ってるんだって。

それがわが家の味、おふくろの味になっちゃかわいそう。お母さんが仕事を持ってて忙しい、という事情があるかもしれないけれど、さっきも言ったように、レトルト食品を使っても、お母さんがちょっとだけ手を加えるといいんだけどなあ、と思います。

私も二人の子どもがまだ小さい頃に料理の仕事をやり始めて、それに歌手の仕事も重なってたので大変でした。だから忙しいお母さんの気持ちもよーくわかるんです。あるときテレビの収録がのびて、夕方帰る予定が夜になったことがありました。収録が終わってうちに電話すると、子どもが「おなかすいたよー」って待ってる。急いで帰ってそれからご飯の支度するんじゃかわいそう。駅前のコンビニで、できあいのおでんを買いました。うちで味見すると、おつゆがうま味調味料たっぷりの味でした。

これはもちろんわが家の味じゃない。

おつゆはみんな捨てました。こんなときにとっておきのわが家のダシが冷蔵庫に入ってる。それにお湯を加えて、買ってきたおでんと一緒にお鍋でコトコト。おでんはすでによく煮こんであるから、すぐに食べられます。こうやってコンビニのものをわが家の味にして、急場をしのぐこともよくありました。


お母さんが頑張って料理して、子どもがちっちゃいときからわが家の味に親しむようになればしめたもの。一家でベロの感覚が共通だと食卓を囲むとき楽しいでしょ。たまに外食しようっていうときにレストランを選ぶのも気が合うしね。

これを私は「ベロシップ」って呼んでいます。「スキンシップ」みたいに「ベロシップ」。スキンシップも大事だけど、ベロシップも大事です。ベロシップで家族の絆が強くなる。そこで大きいのはキッチンで頑張るお母さんの力だけど、お父さんの協力も必要ね。お父さんがお母さんの料理に文句ばっかり言ってたら台なしですから。

お父さんへ。お母さんのお料理をほめてあげてくださいね。

私はよく「キッチンから幸せ発信！」って言ってます。食卓を囲む一家がみんな笑顔だったら幸せでしょ。お隣も、そのお隣も、どのうちもそうなら町じゅうが幸せじゃないですか。そういう町が集まって国になり、そういう国が集まって世界になる。

そしたら世界は平和でしょ。

平和を作る中心はキッチンに立つお母さん。「大袈裟ね」って言われるだろうけど、世界平和にまでつながると思えば、お料理するのも気合が入るじゃないですか。

食材には人格がある

さっきうま味調味料のことを言いました。うま味調味料はたしかに便利です。コトコトわが家のダシを作るのは時間もかかる。だからうま味調味料に頼りたくなる気持ちもわかります。

だけどあの旨味というのはちょっと不自然ね。あれをパラパラやると、みんなおんなじ味になっちゃう。

うちの息子が塾に通ってた時期がありました。おなかがすくから塾の近所でラーメンか何か食べていたらしい。うちに早く帰ってきたときに、私がラーメンを作ってあげたの。鶏肉でコトコトダシをとってスープを作ってね。そしたら「お母さんが作ったのはいまいち味が足りないんだよな」なんてナマイキなことを言う。いやな予感がして、いただきもののうま味調味料があったので、パッと入れてみたら、それを食べて「これだ！」って満足してる。これはいけない、と思いました。ベロが毒されてる。

素材それぞれに味があります。それにわが家のお母さんの味が加わる。それで個性が出る。それなのにうま味調味料のヴェールをかぶせると、個性がわかんなくなっちゃう。

素材の味をひとつひとつ感じてほしいと私は思います。この野菜は煮るとこんな味、焼くとこんな味、噛んでいるとこんなふうに味が変わっていく、そういうことを知っていくのも楽しいことなのに、その楽しさも奪っちゃう。

外で食べる料理にも、うま味調味料はよく使われてます。私は自分の料理には絶対使わないから、使ってあるものを食べるとすぐわかるの。どのお店もおんなじ味になっちゃうしね。「あのお店はこんな味。このお店はこんな味」っていうのが楽しいのに。

何でもかんでも画一化されちゃうと、人生だってつまんないじゃない。

会社のひけどき、コンビニに若い人たちが並んで、できあいのご飯を買ってるのを見かけます。この人たち、みんなおんなじ味のものを食べてるんだ、と思うとちょっと寂しくなりますね。

食材はひとつひとつ形も色も違って、味にも個性があって楽しくお料理ができるのに。

人にも個性があるように、食材にもお料理にも個性がある。それを殺しちゃもったいないわよね。

食べ物の個性っておもしろいです。人格と言いたいくらいね。とりたてのねぎを生で食べたら「辛ーいっ!」って思うでしょ。それを火にかけて炙《あぶ》ってみると、「甘ーい」って人格が変わっちゃう。せっかく甘くおいしくなったねぎにうま味調味料をかける必要なんかぜんぜんないんだから。

新婚当時、豚の角煮を作ろうと思って豚肉を煮込んでいたのね。醤油、お砂糖、お酒で味つけして。もういいかな、やわらかくなったかなって箸を入れると、中に入ることは入るんだけど、引っかかる感じなのね。思いどおりにやわらかくなってないの。「一所懸命煮込んでるのに、どうしてどんどん固くなっていくんだろう」って、不思議だった。

本に書いてあるかな、って持ってるお料理の本をいろいろ見ても書いてない。しょうがないから自分でいろいろやってみようと思って、とりあえず調味料を何にも入れないで、肉だけをコトコト煮込んでいたら、お箸がすっと入る瞬間がきたのね。お肉が向うから「入っといで、入っといで」って誘ってる感じで。そのあと、醬油とかお砂糖とかお酒とか入れたら、すうっとしみ込んでいくの。さっきの固い肉とは見違えるほど、おいしく味がついたのね。

私そのとき思ったの。恋愛だって、相手と親しくもないうちに、一所懸命男の人が「好きだ、好きだ」って言ったって「なに言ってんのよ」みたいになるじゃない。努力して親しくなって、待って待って、ムードがよくなってから「好きだよ」って言われたら、「あらそうだったの、嬉しいわ」って受け入れられる。気持ちがやわらかくなってるのよね。

食材も同じだと思いました。固いうちに、「ほら、入れっ」ってやってもだめなの。相手の気持ちを尊重すればうまくいく。人間も食材もね。

豚の角煮風

①豚バラ肉のかたまり500グラムを鍋に入れ、肉にかぶるほどの水と、しょうが、八角まるまる1個、ねぎを加えて1時間強、豚肉がやわらかくなるまで火を通す。しょうがたちはサヨナラして、豚は皿に盛る。
②ゆで汁½カップを残して、砂糖、醤油、蜂蜜、紹興酒（または酒）各大さじ1を小鍋に入れ火にかける。仕上げに水とき片栗粉でとろみをつけ、たれを作る。
③豚を食べよく切って、とろみのついたおいしいたれにつけて食べる。

そんなふうに考えると、いつも食材が私を待っててくれるような気がして、「今日は何にしようかな」って一回一回の料理が楽しくなるんです。

料理の最初は、まず買い物。「カレーを作ろう」と思ってうちを出ても、お店に新鮮な筍《たけのこ》が泥つきのまんま並んでたら、「カレーはやめ。今日は筍にしよう」って、その場で変わっちゃう。

これも人間と同じ。出会いが大切。旬のものはやっぱり元気があって、何でもおいしいの。安いしね。

春先はタラの芽がおいしい。九州の人が「山の中に入って泥だらけになってとってきたよ」ってどっさり送ってくれたの。

まず天ぷらにして食べて、残った分をお吸い物に入れました。そしたらしっかり苦いのね。とっさに思いついて入れたもんだから、アク抜きをしてなかったの。「タラくん、あなたの気持ちはわかったよ」って言って、熱湯の中にタラの芽を入れて、アクをとってから水に通して、もう一度お吸い物に入れたらちゃんとおいしくなってくれた。

考えて手をかけてあげないと、タラの芽もいやなんでしょうね。「アクとってから食べてー」って、ちゃんと主張するのよね。お肉もタラの芽も人格を持ってるんだと思って、ひとつひとつコミュニケーションとって、「これでいい？」って聞きながらやってくと、ちゃんとおいしくなってくれるんです。

夏においしいキュウリの場合。豚肉と一緒に炒めようと思ったとき、キュウリを切ってそのまま豚肉と一緒に火を通しても、キュウリから水がどんどん出てぐったりしちゃうの。ここはキュウリの人格を尊重してあげる。キュウリの人格は歯ごたえ、シャキシャキ感でしょ。それを大事にするために、キュウリを切ってから塩をふるのね。そうすると中から余分な水気が出てくるから、キッチンペーパーで拭きとる。で、先に豚肉を炒めておいて、最後にキュウリをパッと入れて、チャッチャッとからめて、塩で味をつける。こうすればキュウリがパリッとしておいしくできます。「キュウリのいちばんいいところはどこかな」って考えて、尊重してあげるの。

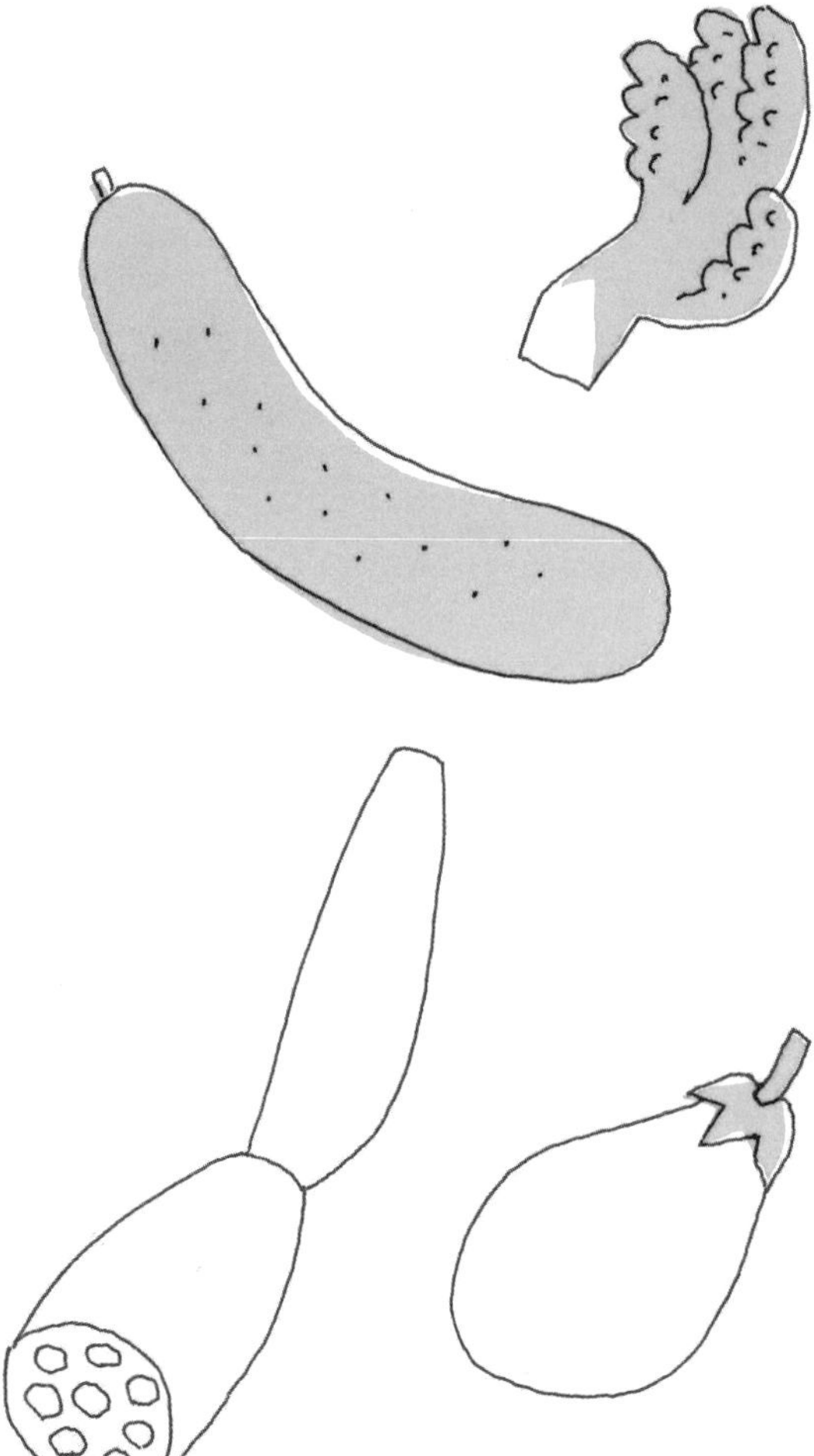

秋はナスがおいしいわね。ナスは皮の紫色がきれいでしょ。その特徴を生かしてあげたいと思ったら、煮たいときもすぐ煮ないで、一度さっと油で揚げてから煮るの。いきなり煮ると皮の色が溶け出しちゃって、ナスが色あせて、煮汁の方が黒っぽくなって、味が変わるわけじゃないんだけど、見た目がおいしそうじゃなくなる。それでさっと揚げて油で皮をコーティングするの。そうすると色あざやかなままでいられるから。

冬はレンコン。薄切りにして、さっとゆでて、甘酢につけると「酢ばす」ができます。口あたりはパリパリシャキシャキ。このシャキシャキ感がレンコンの基本的な人格で、煮るときもふたをしないで煮ると、シャキシャキのまま。でもふたをして煮ると、ホクホクになって、人格が変わるのね。生のまますりおろして、丸めて蒸すと、ネットリネバネバの口あたりになります。こんなふうにやり方によってレンコンの人格がいろいろになるのもおもしろいでしょ。

ダシのお話を基本から

センスのいいベロを育てる。わが家の味を生み出す。日本の味を知る。いろんな角度から大事なキーポイントは、ダシです。

味をつけるっていうと、塩とか醤油とか砂糖とか、そういうものを思い浮かべるけど、それよりももっとベースになるのがダシなのね。

立派なお料理屋さんのご主人は、朝早く起きてまずダシを作るといいます。お料理屋さんにはそのお店独特のダシがあって、それはご主人が若い頃、お師匠さんからキビしく教えられた味でもあるし、その後自分で研究を重ねて、磨き上げた味でもある。

だからお店で「このダシ、どうやって作るんですか」なんて聞いても、「いやあ、素人さんにはとてもとても」なんて言うだけで、なかなか教えてくれません。教えてくれたとしても手間がかかるやり方なので、本当に素人さんにはとてもとても。私たち主婦にはまねができませんね。そこで主婦は主婦のやり方を考えるわけです。

まずカツオブシ。

私、結婚したとき嫁入り道具なんて何にもなしで、手ぶらで行ったの。それで、最初に買った台所用具がカツオブシ削りでした。ちっちゃいときからお母さんがカツオブシを削るカッカッカッカッていう音が目覚まし時計だったのね。だから、朝―母―カツオブシ―ご飯、というふうに結びついてる。

その話をしたら、夫も「そうだ」って。「母親のカツオブシの音で目をさましたもんだ」って言うのね。昔のお母さんはみんな偉かったと思います。

カツオブシを自分で削って、すぐ使うのが新鮮で風味がよくていちばんいいんだけど、忙しいお母さんはなかなかそれができませんね。そういう人にはカツオブシパックが便利よ。ただし、一度封を切ったら使い切ることね。余ったから冷蔵庫に入れて

また明日使おうと思ったら大間違い、風味がまるで落ちてます。おいしさがパックで閉じこめられてるからいいので、開けたあとはどんどん逃げていくの。だから小さなパックを使った方が無駄がなくていいです。

おカカ——カツオブシを削ったのをおカカと言いますね——はそのままお醤油かけてご飯にのっけて食べてもおいしいし、ほうれん草のおひたしなんかにのっけてもいい。その場合、お醤油かける前に熱湯をちょっとかけて、しっとりさせると風味が立ち上がってきて、一段とおいしくなります。

一般的なカツオブシのダシは、熱湯におカカをパッと入れて、グラグラッと来たら火を止めて、濾《こ》します。このダシがお吸い物にも煮物にも、いろいろ使えるわけ。濾したあとのおカカは捨てちゃもったいないの。ギュッと絞って、お醤油入れて、ごまを混ぜれば「しっとりふりかけ」のでき上がり。

昆布のダシは、水7〜8カップに10センチ角くらいのダシ昆布を入れてひと晩置きます。そうすると品のいい味のダシができてるんだけど、そんなに時間がかけられないときは、まず1時間水につけてから煮立てるの。ひと晩置いたのには敵わないけど、かなりのいい味になります。

取り出した昆布は醬油とみりんでコトコト煮れば佃煮ができる。それがめんどくさいときは、いきなりお醬油かけて食べちゃってもいいのよ。

昆布のダシは和風の料理なら何にでも合います。アサリの味噌汁、シジミの味噌汁もおいしくなるし、けんちん汁もいいしね。中華スープやカツオブシのダシと合わせると、ひと味深みが出てきます。

煮干しのダシもおいしい。ただし頭とハラワタをとってから。とらないと色が濁るし、味もすっきりしません。やっぱり水からコトコトやって、濾す。濾さないとモロモロが残るから。

煮干しのダシは味噌汁にもいいし、うどんやそばのおつゆにも使える。カツオブシのダシや昆布のダシと合わせてもコクが出ておいしい。

ダシをとったあとの煮干しは――猫にあげましょう。


干しシイタケも水からコトコトやります。モロモロが出ないから濾す必要はないです。いいダシになるけど、シイタケだけだと物足りないので、カツオブシでも昆布でも煮干しでも、合わせるとおいしいダシになります。

ダシとして旨味が出きらない前の干しシイタケだったら、そこに醤油とみりんで味つけして、お酒をたらして、自分から出た旨味と一緒に煮ふくめれば、おいしい煮物のでき上がり。


以上四つは和風のダシだけど、和風でも洋風でもいけるのが鶏《とり》です。

まずササミ。水からコトコト。脂がないので品のいい味になります。使ったササミは細くさいてサラダに入れたりして活用。

手羽先も水から。手羽先は脂があるけど、骨つきだからコクも出る。ダシをとったあとは味が抜けてるけど、甘辛く煮れば立派なおかずになるし、揚げ物にしても。

鶏ガラも水からコトコトやりますが、水はまず少なめに。どうしてかというと、コクのない鶏ガラが多いから。地鶏だといいんだけど、ブロイラーが多いし、地鶏かどうかの判断もむずかしい。だからコトコトやりながら味をみて、コクをみて、濃いようなら水を足します。

そのまま鶏ガラスープもおいしいし、ダシとしては和風、洋風、中華風、みんな使えて便利です。

にんにくを丸ごと皮むいて、水からコトコト。にんにく独特の旨味が出て、洋風のスープなどに使うと一段とおいしさが増します。ダシとして使うのは、刻んだにんにくをそのままサラダに入れるのとは違って、にんにくの匂いが苦手という人でも大丈夫。

ダシをとったあとの丸ごとにんにくはホクホクになっていて、これを食べるのもおいしい。

ダシのいろいろでした。ダシをとるとき、おカカ以外の素材に言えるのは、強火はだめということ。

おカカは薄くてフワフワだから、一瞬で旨味が出ます。ほかのものは旨味をジワジワと出す。強火でグラグラやったら旨味が飛んでっちゃいます。

飛んで行かないようにフタをするといいように思うかもしれませんが、ダシをとるのにフタは禁物。フタをすると噴きこぼれやすくなるから。噴きこぼれるまでやると味が飛んじゃう。そうならないように、お鍋の中が見える状態がいいんです。グラッときたらすぐ火を止められるように。このタイミングが大切。むずかしそうだけど、すぐ慣れます。

味つけの楽しみ

常備の調味料を作っておくと便利です。うちでは私のオリジナルの「レミだれ」を使っています。

「レミだれ」のポイントは二種類のお醬油を合体すること。お醬油にはふつうの醬油と淡口醬油があって、ふつうの醬油は肉類に、淡口醬油は白身魚や根菜の煮物に、というふうに料理によって使い分けていますよね。それを一緒にすれば両方に使えるんじゃないかと思ったのが始まりでした。

レミだれ

①ふつうの醬油1カップ、淡口醬油1カップ、みりん1カップを混ぜておく。

②鍋に干しシイタケ２枚と約10センチ角の昆布を入れ、①の三種混合を注いで火にかけ、ひと煮立ちしたらシイタケと昆布をとり出す。
③削り節50グラムを入れて２～３分煮立てて火を止める。
④細かい目のザルを使って③を濾す。ザルに残った削り節は冷ましてから両手を使って絞り、汁はたれに加え、かすはふりかけに使う。
⑤濾したたれは広口の保存容器に入れ、とり出しておいたシイタケと昆布も一緒に入れて、冷蔵庫で保存。

これが万能のたれ。和風のものに何でも合います。例えば冷ややっこ。そのままかけるだけ。ゆでたほうれん草にかけてもいい。和風のステーキは絶品です。水でうすめて火にかければ、即お吸い物になります。ねぎを散らしたり、鶏のササミを入れたり、ご自由に。

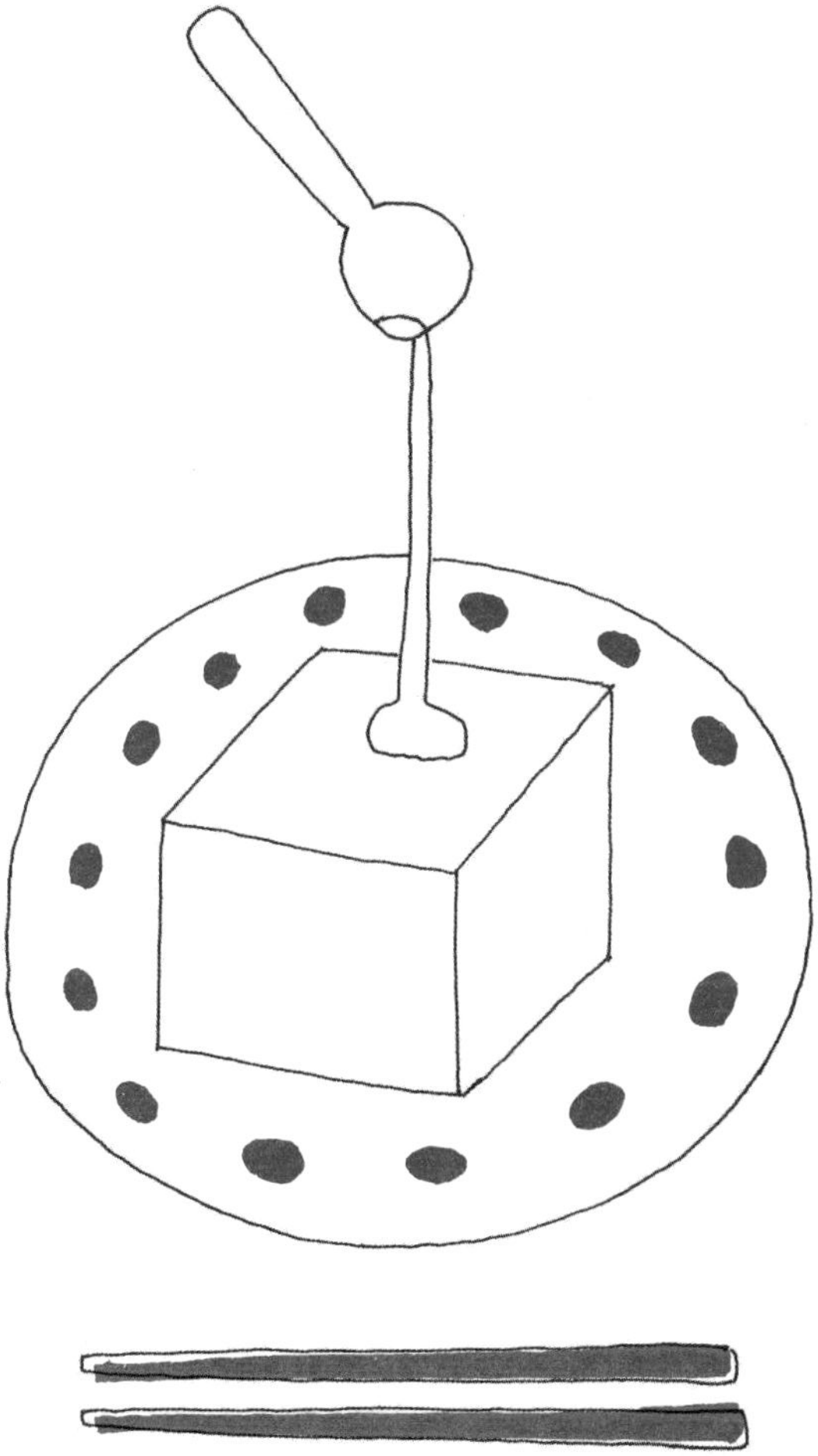

ごま油とお酢を加えれば和風サラダのドレッシングのでき上がり。

おそばやそうめんのつゆも、水で薄めればＯＫ。

きんぴらや炒り豆腐の味つけにも威力を発揮します。

さっき、子どものために急場しのぎのおでんを作った話をしました。そこで「とっておきのわが家のダシ」と言ったのは、この「レミだれ」のことです。

レミだれの次はレミジャン。ジャンはお醤油の醤です。トウバンジャン（豆板醤）とかテンメンジャン（甜麺醤）とかあるでしょ。中華の調味料。レミだれは和風料理に、レミ醤は中華風料理に。

レミ醤

①干しシイタケ４枚（25グラム）を水で戻して、軸はとり除いて、みじん切りにする。

②鍋にごま油大さじ6、サラダ油大さじ8を熱して、長ねぎ1本分のみじん切り、にんにく2粒分のみじん切り、①のシイタケのみじん切りを入れて、中火でしっかり炒める。
③缶詰の帆立貝柱（90グラム缶）2缶の貝柱をほぐして缶汁ごと加え、豆板醤大さじ2を入れて、さらに炒める。
④全体に味がなじんだら、塩小さじ1、胡椒少々で味をととのえる。

これを壜《びん》につめて冷蔵庫に入れとけば二十日くらいはもちます。

缶詰の貝柱を使うのは簡単だから。干し貝柱は値段も高いし、戻すのにすごく時間がかかるの。干しシイタケを戻す時間さえあれば、すぐ応用がききます。

レミ醤を使う料理の例

＊あったかご飯にレミ醤をかけて、卵黄または温泉卵をのせる。レタスを添えて、葉っぱで巻いて食べてもいい。

＊ゆでたそうめんにレミ醤をのせ、キュウリやプチトマトを飾る。食べるときにちょっと酢をかけると夏向きに。

＊冷ややっこにのせるだけ。湯豆腐にも合います。

＊レミ醤チャーハン（一人分）。茶碗2杯分のご飯にレミ醤大さじ3〜4、油をひかないフライパンに入れて炒める。醤油を少し回しかけて香ばしく仕上げる。

レミ醤の次はマコト醤。

私の名前のジャンを作ったから、夫の名前をつけたジャンも考えようと思ったのがきっかけなんだけど、夫は「俺の名前はやめてくれ」って言うんです。しょうがないから、「まことにおいしいっていう意味よ」ってごまかしてます。

このジャンもいろいろに使えます。特に鍋物のシーズンにはいいですよ。

マコト醬

みそ大さじ5、酒、蜂蜜、ごま油各大さじ2、しょうが汁小さじ1、豆板醬小さじ2ぜんぶを混ぜ合わせるだけ。

レミ醬もマコト醬もここに書いた分量はやや多めだけど、いつでも使えるように多めにしてあります。マコト醬も容器に入れて冷蔵庫で保存すれば、二〜三週間くらいもちますから。

マコト醬を使う料理の例

＊生野菜にディップとしてつけたり、ゆで豚や蒸し野菜にかける。

＊豚とキャベツを油炒めしたら、マコト醬だけで味が定まります。マコト醬にみじん切りにした大葉やみょうがを加えて香りを楽しむのもいいですよね。

あと、ザーサイ醬というのも考えました。ザーサイは塩気があるし、旨味もあるでしょ。そのままでもおいしい。だからつけ合わせにいいのね。それをつけ合わせだけじゃなくて、食材にからませて食べるのはどうかなと思ったわけ。

ザーサイ醬

フードプロセッサーに、ザーサイ50グラム、万能ねぎ10グラム、唐辛子½本、にんにく10グラム、ごま油大さじ3を入れ、スイッチオン。なめらかになったらでき上がり。

豚ひき肉と混ぜればシューマイの種になります。これも作りおきしておけば便利。冷蔵庫で三週間くらいもちます。

ザーサイ醬を使う料理の例

＊シューマイ（四人分）。豚ひき肉300グラムをボウルに入れ、ザーサイ醬大さじ4と½、片栗粉大さじ2、酒（あれば紹興酒）大さじ2弱を加えてよく混ぜ、シューマイの皮に包んで蒸器に入れて7〜8分、強火で蒸す。酢醬油で食べる。この分量でシューマイは24個ほどできるはず。

＊ザーサイ醬を入れて玉子焼きにしたり、ゆでたもやしにからめてもおいしい。

＊豆腐やピータン豆腐にかけたり、焼きそばや中華の和えめんの調味料に使ったりしてもいいの。

こんなふうにおいしい味つけを考えるのも楽しいものです。

塩味だってね、塩やお醤油が基本だけど、ほかにないかなって考えてみるの。

塩昆布。細かく切ってゆでた野菜にパラパラッとやる。お醤油かけるのとはひと味違った風味になります。

桜の花。ほら、結婚式の待合室で出されるでしょ。桜の花の塩漬にお湯をそそぐ桜茶。あの桜をきざんで、あったかご飯に混ぜるだけでおいしい。

アンチョビ。缶詰のアンチョビは塩味がかなりきついです。細かくして野菜サラダに塩の代わりに入れる。

ケッパー。これは壜詰で売ってますね。この丸い小さな実（ケッパー）の漬け汁も大切なのね。例えば刺身用の白身魚の切り身を漬け汁につけて、仕上げにオリーブ油をたらし、上からケッパーを散らせば、カルパッチョに。漬け汁をご飯に混ぜると簡単寿司めしになって、上にお刺身をのっけてケッパーをパラパラッてやるだけでちらし寿司になっちゃう。

ね、楽しいでしょ。今私がサラダにって言っても、あなたはサラダに入れなくてもいいの。炊きたてご飯に混ぜてみようかって、やってみたらいい。たくさん入れて辛くなりすぎちゃったら、ご飯を足して調節することもできるし、もう足すご飯がないよーっていう場合は、次やるときは少なめに入れようって考えるでしょ。挑戦も失敗も、ぜんぶ上達につながるんです。

手抜き料理もレパートリーのうち

次は「手抜き料理」のお話です。

「手抜き料理」って言うと何か悪いことしてるみたいに聞こえるかもしれない。まずいものを作るように感じるかもしれない。でも違うんです。お料理を楽しむために手抜きをする、というのが私の考えなんです。

「今夜はうちでパーティ。みんなが喜ぶ顔を見たい」って朝早く起きて買いものに行って、お昼から何時間もかけて材料を煮込んで夜にそなえる、っていうのももちろん楽しい。

だけど毎日パーティやるわけじゃありません。私は主婦で、お母さんで、仕事を持ってる。そういう女性は多いですよね。日常とても忙しいのに料理にまた時間をかける、となると料理することが苦痛になります。それじゃいけない。

ですから、お料理を楽しむために手抜きをするんです。短い時間でも長い時間かけて作るのと同じおいしさが出ればいいじゃないですか。「こんなに短時間で、こんなにおいしいものが作れた。やった！」っていう喜びが、「また明日もおいしいものを作ろう！」っていう意欲になります。それが大事なの。

さっき、トマトジュースと牛乳を一対一で割るヴィシソワーズの話をしましたね。手抜きもいいとこでしょ。だけど、あの味はレストラン級なのよ。


さて私の手抜き料理第一号は「台満餃子」でした。字で書くと立派な名前だけど、耳で聞けば「タイマン餃子」だからね。立派に怠慢なんです。

うちで水餃子パーティをやろうとしていた日がありました。餃子というのはこねた具をひとつひとつ餃子の皮で包むでしょ。家族だけならまだいいけど、大ぜいのお客さんの分を包むのはなかなか大変なのよね。それにその日は昼間の仕事が長びいて、帰りが夕方になっちゃった。お客さんがそろそろ来る時間。さあ大変、とても間に合わない。

それで用意してあった餃子の具を耐熱皿に広げてね、でっかいハンバーグ状にして、チンしました。その間に鍋でお湯をグラグラわかして、餃子の皮を一枚ずつくっつかないように油を少したらしてペランペラーンて入れて、やわらかくなって浮いてきたのをすくって水を切って、チンしたでっかい餃子ハンバーグの上にトロトロッてのっけて、香菜を散らしてね、酢、醬油、ラー油をかけてでき上がり。

これをみんなでつっついて食べました。みんな「何だ、これは」って最初は言ったけどね、食べてみたらまったく水餃子そのものなの。手間はかからず、味は同じ。それでみんな「おんなじね」「目つぶって食べれば水餃子と変わらないなあ」「どうしてこんなこと考えたの?」なんて会話がはずんで、普通の水餃子パーティより盛り上がっちゃった。

それで誰かが「怠慢だね」って言ったら、うちの夫が「うんうん怠慢餃子ね。どうせならタイマンのタイは台湾の台、マンは満州の満にすれば中華風になる」って言って、そういう名前にしたわけ。

このバリエーションで「台満ワンタン」もできますよ。ワンタンの具とワンタンの皮で同じことをすればいいんだから。

スパゲッティをゆでるのって、種類によって時間が違うし、案外めんどくさいですよね。ちょうどいい具合にゆでて、一方で上にのっける具を作る。だけどカッペリーニっていう細いパスタはすぐゆで上がるので、トマトソースを鍋に入れて、カッペリーニをそのまま入れて一緒に火にかければOK。

特急・特級ナポリタン（二人分）

①フライパンにオリーブ油大さじ2と½を入れ、にんにく薄切り1粒分、赤唐辛子1本（種ごとちぎる）、ベーコン2〜3枚（1センチ幅に切る）、タマネギ薄切り

小1個、生シイタケ薄切り3枚を順に炒める。
②①に鶏ガラスープ1と½カップを加え、沸いたらカッペリーニ（100グラム）を二つに折って入れて、蓋をして2～3分煮る。
③②にトマトソース缶（1缶295グラム）とピーマン細切り2個分を加えてパスタがやわらかくなるまで1分ほど煮て、ハーブ塩小さじ1強、胡椒少々で味をととのえ、お皿に盛って粉チーズをふる。

特急でできて味は特級。これはカッペリーニが細くて早く熱が通るパスタだという特徴を利用した料理というだけで、手抜きではないんだけど、パスタをゆでる手間がいらないから、めんどくさがり屋さんには最高でしょ。別名は「吸いとりパスタ」ね。

下の息子が小さかった頃、幼稚園から帰ってきて、「コロッケが食べたい」って言ったの。コロッケってマッシュポテトとひき肉とタマネギを合体してこねて団子にして、粉と溶き卵とパン粉を順につけて、油で揚げて、つけ合わせのキャベツを千切りにして……って結構めんどくさいでしょ。

それで考えたのは、キャベツの千切りを大皿に盛って、ジャガイモを電子レンジでチンして、その間にひき肉とタマネギのみじん切りをジイジイって炒めて塩胡椒をふって、チンしたジャガイモをつぶしたものと一緒にキャベツの上にのっけたの。それにソースをかけて「はい、できた」って出したら、「お母さん、これコロッケじゃないよ」って。「食べてごらん、コロッケとおんなじだから」って言うと、ひと口食べて「似てるけど、ちょっと違う」。はっと気がついて、「そうだ、感触が違うんだ」。そこでパン粉をカラ煎《い》りして上からパラパラかけて、「今度はどう?」。「あ、ごっくんしたらコロッケだ」って納得してくれました。

こうして生まれたのが「ごっくんコロッケ」なの。最近では、カラ煎りしないでコーンフレークを砕いてパラパラかけて、ますます時短にしました。

お客さんを待たせちゃいけない、とか、子どもがおなかすかせてる、とか、時間の節約のために手抜きすることがあります。手抜きでもおいしくできればOKでしょ。成功すればそれがレパートリーになっちゃう。

「めんどくさい」から始まった料理の代表選手は「白菜ほっぽり鍋」かな。材料を鍋に入れて火をつければでき上がっちゃうといいな、と思ったのがきっかけ。「ほったらかし」のことを私は「ほっぽりっぱなし」と言うので、この名前がつきました。

白菜ほっぽり鍋

白菜と豚バラ薄切りを一口大じゃなく大口大に切って、鍋に交互に並べ重ねる。フタをして、白菜がぐったりとして透き通ったらでき上がり。ポン酢でいただく。

オリジナル料理のヒント

「レミさんのオリジナル料理って、どうやって考えるんですか」って聞かれることがありますけど、考えるコツがあるわけじゃないのよね。ポンと浮かぶことが多いの。家族のために急いでご飯の仕度をしたいとき、あれこれ考えて買い物に行くより、とりあえず冷蔵庫を開けてみる。そこにゴボウとニンジンがあれば、きんぴらごぼうができるでしょ。ごまは常備されてるし。

あ、きんぴらごぼうはオリジナル料理じゃありませんね。でね、ゴボウはあったけどニンジンはなかった、という場合、冷蔵庫にあるほかの何か、例えば卵と組み合わせられないかって考えるの。ゴボウを使う料理はきんぴらのほかに柳川があるでしょ。柳川はゴボウとドジョウと卵で作りますね。ドジョウはないけど、ゴボウと卵がある。

「ドジョウ抜きの柳川ができる」って思う。その次はドジョウがなくてもおいしくできる方法を考えるの。

ささがきしたゴボウをさっと洗って、――今のゴボウはアクが少ないから、さっと洗えばいい――カツオのだし汁でコトコト煮ます。半分やわらかくなったら、砂糖とみりんと醤油を入れて、しっかりやわらかくなって、汁がひたひた状態のときに、卵を割って回し入れればでき上がり。ドジョウがない分コクが足りないから、ごま油を最後にタラーッと。あとは食卓で粉山椒をふれば、ばっちりおいしいです。

こんなふうに必要に迫られて浮かぶアイデアもあるし、ウンウンうなって考えることもあります。雑誌の企画やテレビ番組で題を出されると、なかなか大変。「新しい正月料理を考えて」とか「大根を使った新しい料理を」とか。入学試験みたい。

それでもポンと浮かべばいいけど、そうでないときは知恵を絞るの。一人の知恵ではどうにもならないときは、スタッフに相談します。テレビや雑誌でいちどきにたくさんのメニューをこなさなければならないとき、手伝ってくれるスタッフがいます。その人たちに集まってもらって、私のアイデアに意見を言ってもらいます。スタッフが大ぜいいるわけじゃありません。三人くらい。

若い二人は私にも思いがけないヒラメキを持っています。ベテラン主婦は料理の基礎知識がしっかりしてるから、教えられることが多いです。みんなでガヤガヤ、冗談を言って笑ったりしていると、いつのまにか形がととのってきます。

お店で食べた料理が役に立つこともあります。お店の味に感激して、家でまねして作ってみます。

お店の料理がおいしいと、「これ、揚げてから蒸してます?」とかいろいろ聞きます。すぐていねいに教えてくれる板前さんやシェフもいますけど、「これは企業秘密だから教えられません」とか、「教えてあげても素人さんには無理ですよ」と、教えてくれないお店が多いです。そういうときはファイトがわきますね。よーし、何とか再現してやろう、と思っちゃう。

教えてくれたり、作り方が本に出ている場合でも、あまりに手間がかかるものはこちらが尻込みしちゃいますね。そういうときはこれをシンプルにできないかと考えるのもおもしろいです。

例えば中華のおこげ料理。あのおこげを本格的に作るのは大変なんです。ご飯をかためてくっつけて天日に干したり、手間も時間も。そこで私流にやってみました。いろいろやってみて、いちばんシンプルな方法に到達。おこげを揚げるとき、小麦粉をまぶさなくても、と思うでしょ。ところが、まぶさなかったらおせんべいどうしがみんなくっついちゃったのね。小麦粉って〝エライ〟。まぶしたらパラパラにはなれちゃった。これも発見で、いい思い出になってます。

おこげ料理（四人分）

おこげの作り方

①あたたかめのご飯（300グラム）を大さじ1ずつとって、片手でぎゅっと握り、ラップに挟んで薄く平らに伸ばす（はじめにやっておく）。

②全体に小麦粉をまぶして（ここが大切ね）、170度に熱した油でカリッと香ばしく揚げる。

具の作り方

①長ねぎみじん切り大さじ2、しょうがみじん切り小さじ2、ニンジン薄切り5センチ分、お湯1カップで戻した干しシイタケ3枚そぎ切りを、ごま油小さじ2を熱したフライパンで炒める。

②しんなりしたら、鶏ガラスープ1と½カップ、オイスターソース小さじ2、シイ

タケの戻し汁ぜんぶと水、酒大さじ1、塩小さじ½、胡椒少々を加えて3分ほど煮る。

③冷凍のミックスシーフード計約400グラム、一口大に切ったチンゲン菜1株を加えて2~3分。塩胡椒で味をととのえ、水溶き片栗粉（片栗粉、水、各大さじ1と½）でとろみをつけて火を止める。

揚げたおこげをアツアツのうちに器に盛り、具をかける。ジュワーッという音もごちそうだから、大事なのはおこげを揚げるのを最後にすることと、食べる人の前で具をかけること。この揚げたおこげに塩をふればビールのおつまみに。

外国旅行で食べたおいしいもの。これもヒントになりますね。言葉がわからないから作り方を聞くことができないでしょ。だからベロの感覚をとぎすませて、よーく考

えるのね。

外国には小さな手帖を持って行きます。食べたものについて書く手帖です。ハワイに行ったときのページを見ると、「サーフィン見ながらタコポキ。マグロもいい。ごま油。塩、醤油で漬けて。大根せん切り、タマネギみじん、キャベツせん切りと合体。昆布を入れた味もあり」なんて書いてある。お酒を飲みながら書くから私しかわからない字なんだけど、パリでも、オーストラリアでも、香港でも、どこでもメモしてる。この蓄積からアイデアが生まれることもあります。

フランスの田舎で食べたクスクス料理がおいしかったの。クスクスはアラブ料理だけど、フランスはモロッコを植民地にしてたから、クスクスのおいしさを知ったのね、きっと。これを作ってみたいと思ったけど、食材がすぐ手に入らないでしょ。でもクスクスはデュラムセモリナっていう小麦粉が原料だということと、その小麦粉はパスタに使われてるから、しめた！　と思ったんです。

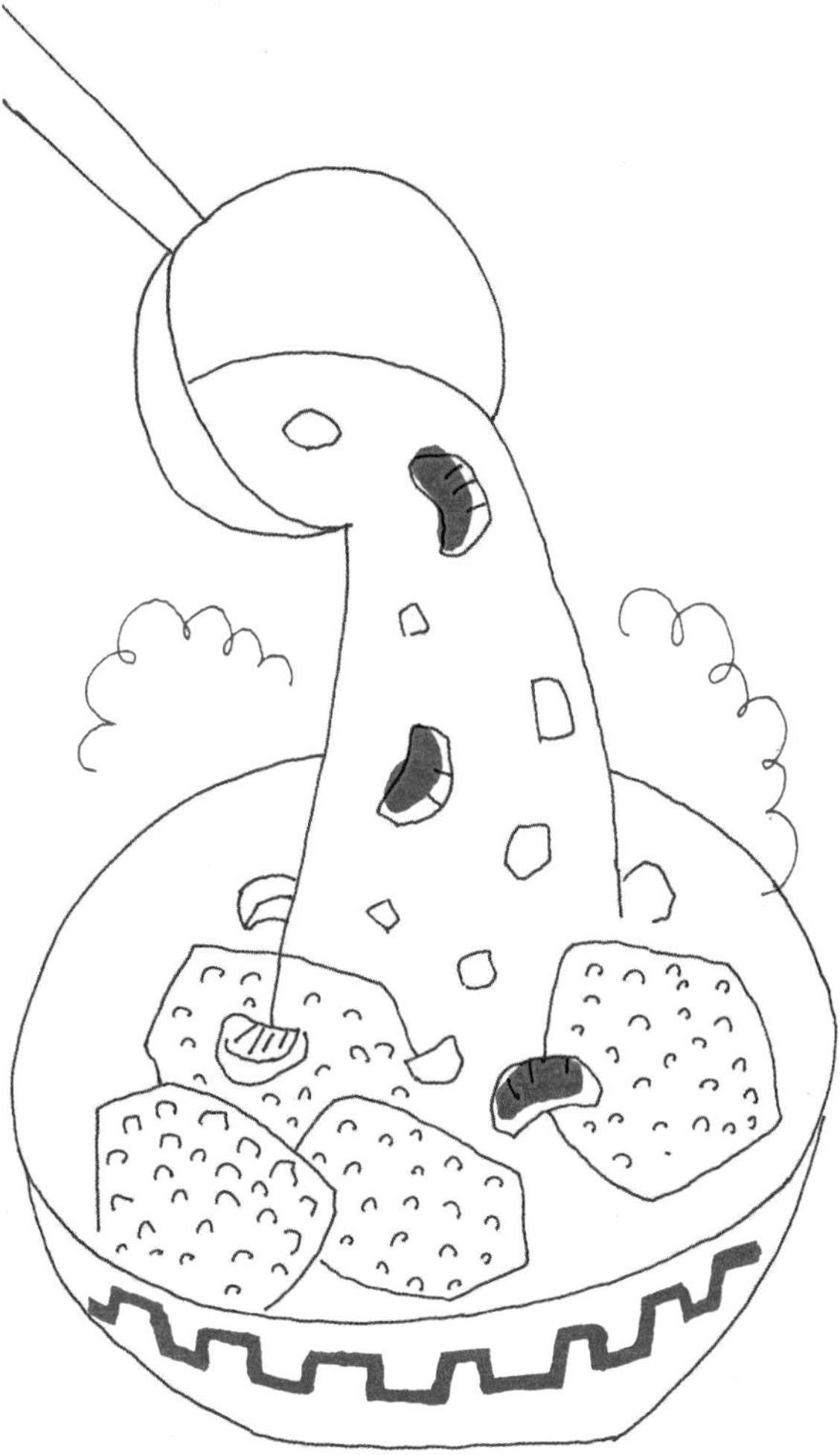

レミ風クスクス（四人分）

①パスタ（カッペリーニ）300グラムを厚手のポリ袋に入れ、袋の上からすりこぎなどで叩いて細かくしておく。

②フライパンにオリーブ油大さじ3、にんにくみじん切り大さじ1、タマネギの薄切り½個分を入れて弱火にかけ、タマネギが透き通るまで炒める。

③②の火を強めて、一口大に切った鶏もも肉250グラム、背わたをとった殻つきエビ8〜12尾、5ミリ幅の輪切りにした赤・緑ピーマン各1個、皮をむいてざく切りにしたトマト2個、白ワイン大さじ5、鶏ガラスープ1と½カップ、砂ぬきしてある殻つきアサリ400グラム、塩小さじ½、黒胡椒少々、カレー粉小さじ½を、この順に加えて炒める。煮立ってきたら火を少し弱めてアクをとり、フタをして10分ほど鶏肉に火を通す。

④別鍋に③の煮汁だけを2と½カップ（足りなければ水を加える）すくい入れて火

にかける。煮立ったら砕いたパスタを入れてひと煮立ちさせ、火を止めてフタをし、4分蒸らして煮汁を吸わせやわらかくする。
⑤④を器に盛って③の具をかける。
＊カレー粉じゃなくサフランを使うともっと本格的な味になります。

アラスカをクルージングする旅のとき、船でギンダラの料理を食べたんだけど、何とも不思議な味のソースがかかっていて、今まで食べたことのない味で感動したの。ホワイトソースみたいなんだけど、何かが違う。

「深みがあってコクがある。醤油じゃない、味噌じゃない……」って考えていくとわかるの。「あ、オイスターソースだ！」って。賽の目に切ったパンをカリカリに揚げたものが上にのっかってて、ふにゃふにゃのギンダラとオイスターソースとカリカリのパンが口の中で合体して、何ともおいしかったの。

「こんなおいしいもの、家族に食べさせたいな」って思いました。それで、うちに帰ってすぐ再現してみました、まず家族にね。私が味わったおいしさを、夫や子どもにも味わってもらいたい。そういう気持ちが、お料理を頑張る原動力になるんじゃないかと思います。

アラスカのギンダラグラタン（四人分）

耐熱性の容器に、牛乳1と½カップ、小麦粉大さじ6、バター大さじ3を入れ、ラップなしで電子レンジ（600W）で3分30秒チンしてゆるめのホワイトソースを作り、その中にオイスターソースと醬油各大さじ2〜3を入れ、再度30秒チンする。

トロッとしたソースを、蒸すかソテーしたギンダラ（白身魚ならギンダラ以外でも）にかければでき上がり。カリカリパンはのせても、のせなくても。

お料理も好き、歌も好き

うちの二人の息子は自立して、今はそれぞれ別のところに住んでいます。二人ともときどき電話で「レミ醬の作り方教えて」とか、「アサリの砂をはかせるのはどうするの？」とか聞いてきます。

学校を卒業する前、二人とも家にいて両親が出かけた夜、上の子がスパゲッティを作って二人で食べたんですって。私が帰ってからそのことを聞いたので、弟に「どうだった？」と聞いたら「おいしかった」と言っていました。それを聞いた夫が「お父さんにも作ってくれ」と言って拒否されてたけど。

次男は自立して家を出るとき、私の料理本をたくさん持って行きました。たまに友だちにごちそうするんだそうです。ニラ鍋パーティをやったときは、友だちに「こんなおいしい鍋、食ったことがない」とほめられたことを電話で報告してきました。

私もとても嬉しいです。どんなに忙しくても出前やレトルト食品に頼らずに、一所懸命料理している姿を、子どもたちは見ていたんだな、と思います。

ニラ鍋（四人分）

ニラ醤油を作る

①ニラ3束はやわらかい先の部分と茎の部分に切り分ける。

②やわらかい方を熱湯にさっと通して水気を切り、庖丁で叩くか、フードプロセッサーでなめらかにし、同量の醤油を加える。

ニラ鍋を作る

①残りの固い茎の部分を長さ半分に切る。

②豚肉の肩ロースしゃぶしゃぶ用を400グラム用意する。

③鍋に湯8カップを沸かし、酒¼カップ、オイスターソース大さじ1を加え、ニラと肉をしゃぶしゃぶして、ニラ醤油につけて食べる。
④残った汁にゆでた中華麺を入れ、ごま油、塩、胡椒で適当に味つけし、ニラ醤油をつけて食べる。

子育てって仕事以上に大変なものだったけど、それもすんで子どもたちは自立したし、これから私たちは老夫婦になっていく、さてどうしようって夫に言ったら、夫は「レミにはまだやり残してることがある」って言ったんです。「それは歌うことだ」って。

夫は結婚する前、私を「お嫁にください」って実家に挨拶に来たときに、お父さんが「レミは歌が大好きだから、レミから歌をとり上げないでください」って言ったんだって。私もそばで聞いてたはずだけど、すっかり忘れてた。夫はそれをよく憶えてたのね。

夫はもともと「女は結婚したら仕事をやめて家庭に入れ」って言う人じゃなかったから、私は自由にやっていて、歌の仕事があればどんどんやってたわけ。

そのうち料理の仕事をするようになって、その方が忙しくなったのね。はじめは両立してやってたけど、少しずつ歌の方を減らすようになったの。料理が楽しいってこともあるし、私は歌うことは大好きなんだけど、ステージに立つにはドレスを着なきゃいけないとか、お化粧しなきゃいけないとか、それがめんどくさかったのね。料理するのはエプロン姿でいいから、そっち方面が私に合ってたの。

歌ってないと歌詞なんかどんどん忘れちゃうのね。たまに歌の仕事が来ても、歌う歌がいつも同じになっちゃう。夫が「歌手というものは時がたてばそれだけレパートリーが増えるものなのに、時がたつほどレパートリーが減る歌手も珍しい」って言ってね。そんなこともあって、お父さんに言われたことが気になってたらしいの。

私もそうかと思って、夫に「全面的に協力してくれればＣＤを作ってみようかな」

って言ったのね。CDならドレスもお化粧もいらないし。

それで夫はレコード会社のディレクターに相談したり、編曲する人に相談したり、選曲を考えたり、訳詞も作詞も全部やってくれることになって、ついにレコーディングしたというわけなんです。

しばらくやってないと、最初は声が出ないのよ。でも歌ってるとだんだん慣れてきて、いい声も出るようになって、結果的にまあいいCDができたと思うんですけどね。

私はシャンソン歌手だから、このCDはシャンソンが多いんだけど、シャンソン以外の曲も入れました。それから思いついて、「一曲お料理の歌を入れたい」って言ったの。「歌がレシピになってて、聴きながら料理ができちゃう歌はどうかしら」って。

夫は「うーん」て言いながら、編曲の佐山雅弘さんに曲を頼んで、新しい歌を作ったの。私が教えた簡単な料理のレシピを春夏秋冬で並べてね。

じゃ、最後にそれを歌ってみます。「私のキッチン」という歌です。

♪見た目も美し
春のちらしずし

炊きたてご飯にお酢ふってさまし
れんこん　たけのこ　にんじん　しいたけ
おだしでコトコト　ご飯とよく混ぜ
錦糸卵のっけて　焼きのりパラパラ
でき上がり

まあきれい　おいしそう
ホラね　みんなの笑顔もごちそう

元気なからだ

夏の野菜サラダ

とれたてトマトに　レタス　きゅうり
ピーマン　玉葱　アボカドもいれましょ
ペッパーきかせたドレッシングかけたら
カリカリベーコン　上からパラパラパラ
いただきます

キッチンは素敵なところ
おいしさがつなぐ心と心

口ずさむ歌
秋のきのこパスタ

パスタはアルデンテ　上手にゆでて
えのき　エリンギ　舞茸　マッシュルーム
ガーリックオイルできのこを炒めて
パスタにからめて　粉チーズ　タバスコ
お好みで

楽しさがあふれるキッチン
私はそこから幸せを発信

ほほえみ浮かべ
冬の寄せ鍋

おつゆは昆布とかつおでダシとって

大根　椎茸　白菜　長葱
骨つき鶏肉　豆腐も入れましょ
ポン酢で食べるの
うどんやお餅もいいな

食べる人を想ってお料理しましょう
愛は最高の調味料

「私のキッチン」（作詞・和田誠）

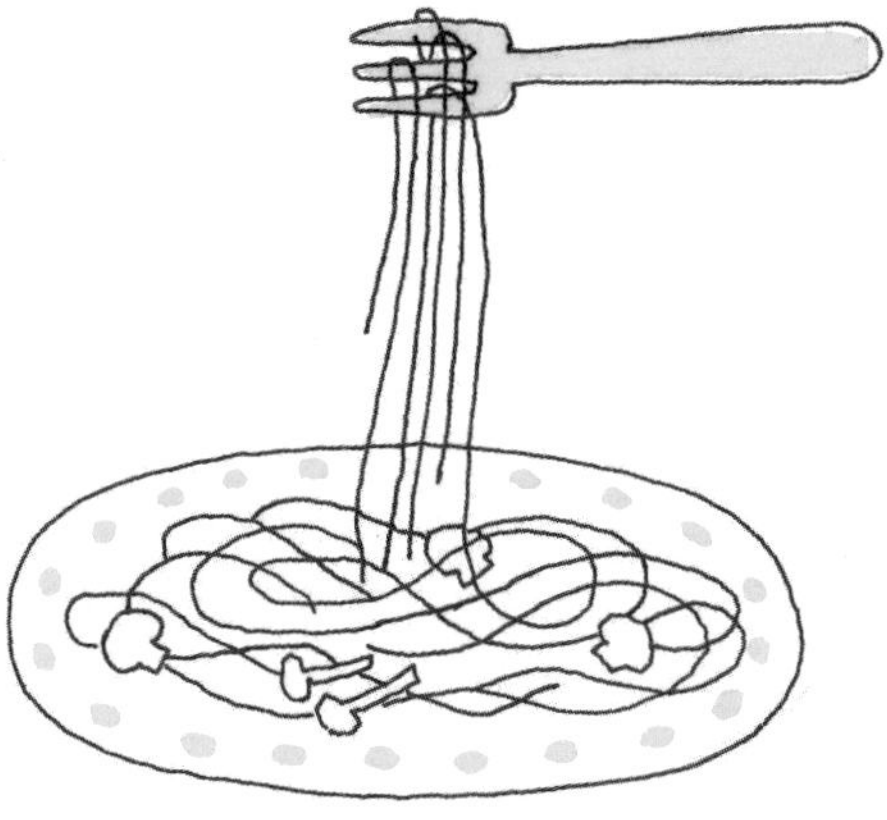

おわりに

いよいよ「おわりに」ですけど、「おわりに」に書くようなことはみんなお話ししちゃいました。そこで、デザートの時間にしましょう。簡単にできておいしいデザートのレシピです。

ココ汁粉（四人分）

ココナツミルク缶（1缶400グラム）とゆで小豆缶（1缶200グラム）を混ぜて器に入れて、ミントとブルーベリーやラズベリーをトッピングするだけ。和風とエスニックがマッチしたデザートです。冷たくしても温めてもＯＫ。

特急トリュフ（十六〜二十個分）

①ボウルにココアパウダー大さじ2を入れて、生クリーム大さじ8を少しずつ加えて混ぜ、砂糖大さじ2とラム酒大さじ1を加えて混ぜ、粗く砕いたビスケット12枚ほどを加えて混ぜて吸わせる。

②別のボウルにコーティング用のココアパウダーを適量入れておく。

③手のひらにラップを広げて、①をスプーンで取って、絞って丸める。16個から20個くらいできる。

④②のボウルに③を入れてころがしココアパウダーを表面にまぶす。

特急でできて手作りチョコの感覚。すぐ食べるとビスケットのサクサク感が楽しめるし、次の日にはしっとり感が味わえます。

いちごゼリー（四人分）

①水40ccに粉ゼラチン2袋（10グラム）をふり入れ、しばらくおいてふやかす。
②いちご400グラムと砂糖大さじ4をミキサーにかけてジュース状にし、白ワイン大さじ1を混ぜる。
③①をラップなしで電子レンジ（600ワット）で30〜40秒加熱して溶かし、②と混ぜ合わせる。それをグラス4個に等分に注ぎ、氷水を入れたボウルに入れ、冷やし固める。
④③にヨーグルトを流せば、赤と白に色分けされた、お洒落なデザートになる。あればミントを飾っても。

デザートのあとで悪いけど、お料理をやったことがない人、まだお料理になれていない人のために、ちょっとお勉強。基礎的なことを知らないと、レシピを見てもよくわからないでしょうからね。この本に出てこない言葉でも、お料理の本にはよく出てきます。

まず切り方。

＊せん切り

野菜を細く長く切りそろえる切り方。ニンジン、大根、キャベツなどでよく使います。千切りとも書きますが、繊維の繊を書くのが正しいみたい。どっちも長く細くという表現ですね。

＊みじん切り

ごくごく細かく切る方法。みじんというのは「粉みじん」という言葉もあるくらい、うんと細かいことね。料理の場合はそんなに細かくする必要はないけど、タマネギやにんにくとか、香りの強いものによく使うのは、細かい方が香りが立つから。

＊粗みじん

みじん切りでも、それほど細かくしなくてもいい場合、少し粗く切ります。

＊小口切り

ねぎやあさつきなど、細長くて円筒型の野菜を、一定の幅で金太郎飴みたいに切る方法。

＊ざく切り／乱切り

ざく切りは、ザクザクッと切る。乱切りは規則的でなく、形にこだわらず、ほどよい大きさに切る。同じことですね。

＊拍子木切り

1センチ角くらいで細長く切りそろえる切り方。拍子木のような形なのでこの名前がつきました。

*短冊切り
短冊のように切る。拍子木切りをもっと薄く切ります。
*ささがき
左手で材料を回しながら（左ききの人は右手になるわけだけど）、鉛筆を削る感じでそぐように切る。ゴボウによく使います。
*しらがねぎ
ねぎのせん切り。ねぎを縦半分に切り、うす緑の芯の部分をとって白いところだけ開いて重ね、繊維にそって縦にできるだけ細く切る。うどんや焼きそばにのっけてもいいし、肉の炒め物にのっけてもいい。
*錦糸卵
薄く薄く焼いた卵焼きを、糸のように細長く切る。ちらし寿司などにのっけますね。

次は分量のこと。

＊カップ

½カップとか3カップ、などと言います。1カップは200ccのこと。

＊大さじと小さじ

大さじ1は15cc、小さじ1は5ccのこと。どちらもすりきりに入れた量。大ざっぱに言えば大さじはカレーライスを食べるスプーン、小さじは紅茶をかきまわすスプーン、くらいかな。

＊しょうがの1かけ

しょうがは1かけという言い方をします。親指の先くらいの大きさ。

＊にんにくの1粒

にんにくは薄皮をむくと半月形の粒がいくつか入ってるでしょ。その一つが1粒ね。

＊少々と適量

調味料の分量をよくこんなふうに言います。「少々」は文字どおりほんの少し。「適量」はそれよりちょっと多いくらいの適当な量。

さあ、頑張って。と言おうとしたけど、頑張らなくてもいいです。気軽に、楽しく。そしてお料理することが好きになってください。

とにかく楽しむことが大事ね。料理の本に書いてあったり、テレビの料理番組で言ってたりする、何は何グラムとか、火にかけて何分とか、ぴったりそのとおりにしないとおいしいお料理ができないと思い込んでる人もいるけど、そんなガチガチに、試験勉強みたいな気持ちでキッチンに立っても楽しくないじゃない。

ちょっとくらい分量や時間を間違えてもぜんぜん別の料理ができるわけじゃないの

よ。「私は薄味が好き」っていう人は自分のベロを信じて調味料を少なめにすればいいし、やってみて物足りなかったら足せばいい。濃くなりすぎちゃったら、何かを加えて薄めればいい。真っ黒に焦げちゃったら……そのときはあははって笑っちゃいましょう。

※この「おわりに」は『笑ってお料理』（筑摩書房）に掲載されたものです。

夫婦対談　和田誠×平野レミ

聞き手・中村千晶

――明るいキャラクターで人気の料理愛好家・平野レミさん。レミさんを見守る〝愛妻家〟として多くの逸話を持つイラストレーターの和田誠さん。結婚して四十二年、ご夫婦で取材を受けるのははじめてだそう。お二人はケンカすることは本当にないんですか？

平野　それがね、最近はするの。ケンカになるのは服。和田さんはお洒落が嫌いで、ずるずるなの。昔っから真夏でも大雪が降っても、このジーパンなのよ。あんまりひどいから私が洋服買いに行こうって言っても、まず連れ出すまでが大変なの。ようやく電車に乗ってもずっと不愉快そうなの。でもデパートに着いて、せっかく和田さん来てくれたんだし、いっぱいお洒落なの買おう！　さあどれにしようかな♪　って思って、エレベーターが紳士服売り場で止まったら、和田さん目の前にあったズボンをパパパパッととって「これでいいよ」だって。

和田　（笑）

平野　もうぜんぜんだめ！　そのうち「自分で着ればいいだろ」みたいなこと言っちゃって。だから「もう知らない！　先に帰って！」って言って、それでケンカ。

和田　そのたびに飯作ってくれないんだ。

平野　アハハハ。だって、私の武器はそれしかないんだもん。だいたい和田さんはね、ご飯、ご飯、ご飯。私よりね、私のご飯が好きなの。

和田さんがラジオでレミさんの声を聴き「一目ぼれした」ことが出会いのきっかけだ。

和田　そう、久米宏とやっていた番組。

平野　久米さんと知り合いだったから頼んだんでしょ。

和田　でも「一緒にやっている子を紹介してよ」って言ったら、久米さんが「やめときなさい」って言うんだ。

平野　アッハッハ。

和田　しゃあないなって、知り合いのディレクターに頼んだの。そしたら今度は「紹介してもいいけど、責任持ちませんよ」って（笑）。

平野　みんな私のことをだめな人って思って紹介しなかった。ね、和田さん、私のどこがよかったの？

和田　前に言っただろ。ラジオの前にテレビ番組を見たの。生放送でこの人がピアノの前で一人で歌ってたんだけど、歌い始めたらすぐやめてやり直したんだ。

平野　声が出なかったから。

和田　そういうふうには思えなかったんだよ。それで「こういう歌手は珍しいな」と思った。生放送で急に「ストップ」とか言ってね。

平野　じゃあ、珍しい人が好きだったんだ？

和田　いや単に珍しいだけじゃなくて、それがなかなかチャーミングだったのさ。

平野　あらちょっとお父さん！　四十年ではじめてそんな言葉聞いた！　私がチャーミングなんて！

和田　うん。しぐさとか言い方とかね。おもしろい子だなと思ったんだね。

平野　へぇ〜〜〜。

和田　それで「責任持たなくてもいいから」って言って、紹介してもらったんですよ。TBSの地下のしゃぶしゃぶの店で飯を食った。そしたら料理を運んできた仲居さんに、この人、「このつけるたれ、何でできてるの？」って聞いたんだ。で、この人は料理ができる人だ、この人の料理はうまそうだなと思ったんですよ。

平野　すごいじゃん、和田さん。よく見抜いたね。

和田　その聞き方がプロっぽかったからね。

平野　私は和田さんがね、いろんなこと知ってて、「まあ、なんて学のある人だろう」と思ったの。私インテリが好きだから。うちのお父さん（フランス文学者・平野威馬《いま》雄《お》さん）とそっくりだって思った。で、出会って一週間で結婚した。

和田　いつも一週間って言うけど、ちょっと大袈裟だと思うんだよ。もうちょっとたってたよ。

平野　じゃあ十日くらい？（笑）。だって和田さんさ、最初のご飯のときＴＢＳで私のことを待っていて、そのとき通りかかった黒柳（徹子）さんに「これから嫁になるかもしれない人が来るんだ」って言ったって。

和田　それは、黒柳さんの作り話。

平野　そうなの？

和田　黒柳さんと会ったことは確かなんだ。「何してんの？」って言うから、「ちょっとデートがある」とは言ったと思う。でもそこからはあの人の幻想というか。

平野　そうなんだ。私、当時、和田さんの職業をよく知らなかったのね。結婚したらいろんな友だちが家に遊びに来るから、すごいな〜って。

和田　まず、永六輔さんと知り合いになったら、永さんが渥美清さんを紹介してくれて……というふうに芋づる式にいろいろつながっていった。

平野　和田さん自身は物静かなのにね。

和田さんは、レミさんの父・威馬雄さんととても気が合ったという。

和田　まあ最初はドラマにも出てくる「お嬢さんをください」を言いに行ったんですよ。そうしたら威馬雄さん、どういうわけか色紙を二枚用意していて。

平野　僕たちの似顔絵を描きなさいって。

和田　すずりで墨をすって、筆で。僕もいきなり言われてもね、緊張しちゃって「勘弁してください」って言おうと思ったけど、「じゃあ、娘はやれん」って言われちゃったらつまんないから、一所懸命描いたんですよ。で、お許しが出た。だからその絵が合格したんでしょうね。

平野　おもしろいお父さんだから、和田さんとよく合ってね。そういうのって嬉しいわよね、すごく。お父さんの本の装丁もぜんぶ和田さんがして。「レミは便利な人と結婚してくれたよ」って言ってた。和田さん、私と結婚して「損しちゃったな」とかないの？

和田　損なんてしなかったよぜんぜん。わかるでしょ？

平野　ほんとに？　和田さんって庭の掃除もしてくれるし、朝のゴミ出しもしてくれるし、茶碗も洗ってくれるし、旅行も行っておいでって言ってくれるしさ。私が喜ぶことは和田さんもみんな喜ぶの。

和田さんの〝愛妻家〟伝説は数多い。結婚当初、「空気のきれいなところに住みたい」と言うレミさんのために、郊外に土地を買い、車の免許まで取ったが、いざ行くとレミさんが「ここ寒いからやっぱりいや」。和田さんはすぐに都内に家を探したそうだ。

平野　何にも怒らないの。ありがたいね。大事にしなくちゃね。ほんとに。

和田　僕が誰にでも面倒見がいいかというと、独身の頃はそんなでもなかったと思うけどね。でもそうだな、仕事の上ではわりと人の面倒を見ますね。

平野　和田さん、仕事では厳しいのかなぁ。うちには仕事の話、一切持ってこないから。写真撮られるのも嫌いで、いつも言ってるの。「自分の作品が世に出ればそれでいいのに、みんななんで顔を出すんだかわかんない」って。とにかく控えめ。うちの表札知ってる？　こんなにちっちゃいの！

結婚後、和田さんの友人たちの間で、レミさんの手料理が評判になる。それがきっかけでレミさんは料理番組や雑誌で活躍し始めた。

平野　私、一時期は専業主婦でいいって思ってた。でも料理を頼まれてやるようになって、みんなに食べてもらって「おいしい」って言ってもらえるとやっぱり嬉しいの。歌を歌ってみんながワーッて拍手してくれるのと同じように反応が来て、喜んでもらえるから。

和田　僕も結婚したからって奥さんが家にこもって家事だけじゃないほうがいいなと思ったんです。でもそのうちに歌はやめちゃった。

平野　ドレスを着るのがめんどくさくなっちゃった。

和田　僕は結婚するときお父さんから、「あの子は歌が好きな子だから、あの子から歌をとらないでくれ」って言われたんです。それがずっと気になっていた。だから絶対CDの一枚も出すべきだと思って、二〇〇六年に僕がプロデュースして、作詞もして、CDを出した。

平野　歌もね、歌うとそれは気持ちいい。みんなの前で歌を歌って拍手もらったときの達成感とか満足感とか。これはいいもんね。だから、唱ちゃんがどんなに幸せかと思う。

長男の唱さんは人気バンドTRICERATOPSのボーカルとして活躍中。次男は元CMプランナーで、三児の父。現在は会社経営。

平野　唱ちゃんはまだ結婚してないの（二〇一六年に女優の上野樹里さんと結婚）。音楽にまじめで。どうすんだろね。昔は私、唱ちゃんはもっと勉強しなきゃいけないと思ってたの。でも和田さんはいつも「いいんだ、ほっとけば」って。でもあるとき、試験前だっていうのに夜、ギターのパンフレットをたくさんかかえて帰ってきて「お母さん、どれ買おうか」って言うから、「ちょっと、明日から試験でしょ！」って言ったの。そしたら唱ちゃん、部屋に行って制服着たまんま和田さんのお古のギターかかえて寝ちゃってた。私がそれ見て「あーあ」って言ったら、和田さんが「これでいいんだよ」って。

和田　あのとき俺が「お母さんが、こう言ってるぞ」ってギターとり上げてたら、今の唱はいないんだよ。

平野　そうそう。子どもを信じてたのよね。そのときに思ったの。ああ、和田さん、やっぱりうちのお父さんとそっくりだ、って。私が高校いやになって「やめたい」って言ったとき、お父さんも理由も何も聞かないで「いいよ、やめろ」って言った。で、「レミ、いい学校があるから」って文化学院を教えてくれて、私がシャンソン好きだったから好きなことを徹底的にやれって言った。だからあのときの和田さんを見て「そうか、唱ちゃんにも好きなことやらせればいいんだ」って思った。

ストレスもないというお二人。

平野　和田さんといるとラクだもん。こないだね、誰かの結婚式で私コンタクト入れて、きれいにして行ったの。で、帰ってきてさ、「今日、私きれいだったでしょ?」って聞いたら、「いつもとおんなじだよ、メガネかけて」だって。「メガネかけてなかったでしょ!」って(笑)。見ちゃいないのよ。和田さん、私の外見なんてどうだっていいの。生きてればいいらしいの。

和田 だってお互いにラクな方がいいじゃないか。

平野 和田さん、四十年間病気したことないし、会社休んだこともないんだから。それは私がちゃんとご飯作ってるからよ。

和田 そうです。それに毎日歩いてるから。あれいいよ。会社まで毎日四十五分。

平野 嬉しそうに仕事に行って、楽しそうに帰ってくるもんね。絵を描くの大好きなんでしょ?

和田 子どもの頃からね、絵を描くのもデザインするのも好きだし。好きな仕事でずっとやってるから、それは幸せだと思ってますけどね。

平野 ちょっとケンカになってもね、そこに息子とか孫がいいタイミングで来るの。

和田　飼い猫もね、助けてくれることがある。
平野　これってすごく幸せな家庭みたいだ！って思っちゃう。ちょっとドラマみたいだって。
和田　そうだと思います。
平野　アハハハハハ。だからさ健康でいてね、それしかないよ、和田さん。
和田　うん、それがいい。

朝日新聞社提供

鼎談「和田誠を偲ぶ」　清水ミチコ×阿川佐和子×平野レミ

あんないい人はいなかった

清水　レミさん、「未亡人」になって、何かわかったことはある？

平野　二人ともいろいろ心配してくれてありがとね。和田さんが亡くなってわかったのは、あんまり完璧な夫と結婚しない方がいいってことかな。だってさ、いやなところないと諦められないもん。

清水　いやなところ、なかったんだ。

平野　なかった。いい人だったねぇ、あの人。本当にいい人だった。

阿川　この流れで言うのもナンですけど、日本って、死んじゃうとやたらいい人になる傾向あるよね。

清水　たしかに、しばらくは悪口言えない。でもね、うちの両親なんてケンカばかりしてたはずなのに、父が亡くなった途端、母が「あんないい人はいなかった」って何度も言ってんの。

阿川　お父さま、亡くなってどれくらいたつの？

清水　もう十年くらいになるかな。でも母はまだブルーな感じ。

阿川　夫に先立たれた妻の場合、三ヵ月もたてば元気になるってよく言うじゃない。

清水　いや、ずっと元気ないまま。私や弟からすれば、「あんなこともこんなこともあったじゃない」って思うのに、何か言うと「あれだけ頑張った人にそんなこと言うもんじゃない……」って。すっかり変わっちゃったの。自分まで半分死んじゃったような感じなのかもしれない。

平野　そうなんだ。

阿川　私の父は、それこそお膳ひっくり返すような暴君だったでしょ。母はいつもひどい目にあっていたから、子どもたちはいつ離婚してもいいと思ってた。母の耳が遠くなったのだって、父にぴしゃって叩かれたからじゃないかしらって。でも高齢者病院に入院してからの父は、何かと「母さん、母さん」で、しまいには「母さんも入院すればいいじゃないか」と言い出した。

清水　娘がいても、もう一つ物足りないものなんだね。

阿川　あるとき、母を連れて父を訪ねたら、「お前の作るちらし寿司が食べたい」って母に言うわけ。

清水　なんか、いい言葉。

阿川　認知症で、すでに耳も遠い母が「はぃ？」って何度も聞き返すうち、父が「お前の作るちらし寿司が食いたいと言ってるんだ！」と怒鳴り出したら、「あ、ちらし寿司。東急にも売ってますよ」って（笑）。

平野　わあ、お母さん勝ったね。

阿川　晩年は、父の方が母にそばにいてほしいようだったし、母は母で認知症もあってか、ひどい目にあったことも忘れて穏やかだったから、夫婦は本当に不思議なものだなと思う。

平野　まあ、でも佐和子ちゃんは新婚だから幸せいっぱいでしょう。

阿川　あのね、もう二年半になるから、いいかげん新婚じゃないんですよ（笑）。

人間の心の中なんてわからない

平野　佐和子ちゃんのご実家じゃないけど、私の知り合いの写真家に、食事のたびに奥さんに献立書かせる人がいるの。それで、「これは食べない」「これも食べない」ってはじいて、奥さんはできた食事をお膳にのせて部屋まで持っていくんだって。

清水　その人、一人で食べるの？

平野　そうよ。グラスも、ちょっとでも曇ってたら怒られるの。それに比べて、うちはどんなにドロドロでも平気だった。洋服が箪笥《たんす》の引き出しから流れてても、怒られたことない。

阿川　でも、そんな和田さんがたった一遍だけ怒ったっていう有名な話がありますよね。

平野　え、なんだっけ。

阿川　なんでレミさんが憶えてないの（笑）。和田さんが映画を撮ってらした頃、帰ってきたらジャンパーに長い髪の毛がくっついてた話。

平野　ああ、それね。見つけた途端、「これ何？　別れよう」って。そしたら大声で「バカヤロー!!」って怒られた。

清水　和田さん、潔癖だもんね。

平野　だから「ごめん」って謝った。和田さんっていつも静かだから、おっかなかった。

清水　私、和田さんと青山にあったおヒョイさん（故・藤村俊二さん）のお店に何度か飲みに行ったことがあるのね。歩いて帰る道すがら、「和田さんは幸せで、つらいことはなさそうな人生ですね」なんて言ったら、「ないことはないよ」ってちょっと探して、「レミに疑われたことがあって、おれのことを信じてないのかあと思った」って。

平野　わああ。

清水　長い髪のことだね。

阿川　一致したね。すてきなお話。レミさんは忘れてるけど、和田さんは深く傷ついていたんだよぉ。

平野　和田さんはさ、今度も死んじゃったけど、前にも死んじゃっててね。

阿川　それはレミさんが、勝手にそう思い込んだだけでしょう？

平野　だって、お芝居に行ったらちっとも帰ってこないのよ。だから私、死んじゃったと思って警察に電話したの。「今日、茶色のトレンチコートを着た、三十六歳くらいの男の人が死んでませんか」って。そしたら電話の向こうで受話器を置いて、別の電話で聞いてるの。「トレンチコートを着た三十六くらいの男は死んでないか」って。それを待ってる間、もう心臓ばっくんばっくんで、生きた心地がしなかった。それで「お待たせしました。今日は死んでません」って。

清水　受話器の置き方が、時代だね。

平野　その少し前に、イラストレーターの灘本唯人《なだもとただひと》さんから「レミちゃん、人間の心の中なんてわからないものだよ」って言われたの。幸せそうに見えても、心の奥の方は悲しかったり苦しかったりするから、人間は本当に複雑なんだよ、って。それを思い出して、「大変、和田さんはきっと樹海で自殺したんだ」って考え直したのよ。

清水　灘本さんのお話、タイミング悪かったね（笑）。

平野　こりゃ見つかるわけないと思って、猫連れて実家に帰った。

阿川　諦めが早すぎる。

清水　せっかちだから。

平野　でもタクシーが実家に着いたら、母が「和田さんから電話があった」と言うので、そのままタクシーから降りずに戻ったわよ。そしたら和田さん、真っ赤な顔してゲラゲラ笑ってるの。こっちは泣きそうな思いしてたのに。井上ひさしさんのお芝居観た後、そのまま一緒に飲みに行っちゃったんだって。

阿川 新婚らしいエピソード。あの頃は携帯がなかったから、男女がひやひやすることはいっぱいあったでしょうね。

清水 和田さんは男女問わずモテてたけど、和田さんがほかの女性にっていうことはなかった。

平野 和田さんは、手は出さない！

清水 びっくりしたー。そんなに政治家みたいに言わなくても。

平野 白い紙が好きな人だったでしょ。だけど、白い肌には興味なかったね。

清水 もう、何言ってるんだろう。名言みたいに（笑）。

平野 和田さんの中では、本当は佐和子ちゃんが一等賞で、私は二等賞だったと思うわ。

清水　少なくとも、阿川さんが一等賞ってことはないでしょ。

阿川　和田さんと一緒に飲んだり歌ったりするようになった頃、「阿川さん、また会おう。でも僕がいちばん好きなのはレミだけどね」って、断りを入れられたことあるもの。

平野　ほら、それがいちばん好きってことよ。私のことは立ててくれてたの。

清水　人間は本当に複雑なもんだねえ（笑）。

直感で出会ってブレなくて

阿川　ミッちゃんも私も、和田さんと飲みに行っては、ジャズやらミュージカルやら映画やら、たくさんのことを教えていただいて、それが自分の次の仕事に役立ったりしていたでしょ？

清水　うん。和田さんはモノマネも好きだったしね。

平野　ミッちゃんのことは、渋谷のジァン・ジァンに出てたときから観に行ってたもの。

清水　サミー・デイヴィスJr.のモノマネ芸を収めたカセットテープも、もらったことある。和田さんはお話が上手だったから、怖い話もお化けの話も不思議な話も、引き込まれるスリルがあった。

阿川　私のいちばんの思い出は、『週刊文春』の対談でジュリー・アンドリュースに会うことになったとき、あんまり嬉しくてご報告したら、ご自分が描かれた『メリー・ポピンズ』のポスターと一緒に、「これを憶えていますか、と聞いてごらん」と一冊の絵本を貸してくださったことね。和田さんがまだライトパブリシティに勤めてらした頃、イエナで見つけて、かわいいと思って買った絵本。

清水　ずいぶん前になくなった、銀座の洋書屋さんだ。

阿川　ジュリー・アンドリュースがブロードウェイデビューを果たして間もなく、『マイ・フェア・レディ』のヒロイン役を演じるためにアパートで練習していたら、それに反応して、歌うように吠える犬がいたんですって。近所におもしろい犬がいるのよ、と友人の絵本作家に話したら、そのエピソードをもとに一冊の絵本ができたんだけど、巻末に犬を抱いたジュリー・アンドリュースの写真が載っているの。でも、彼女が世界的なスターになるのは、それよりずっとあとのことだから、和田さんは何も知らずにその絵本を買ったんですって。

清水　それが和田さんのすごいところだよね。直感力というか。

阿川　絵本を見せたらジュリー・アンドリュースは喜んで、「なぜこれが日本にあるの？　アメリカにも、この本のことを憶えている人はいないのに！」ってものすごくゴキゲンになって、私、とても助けられたのよ（笑）。私たちにはこういう思い出がたくさんあるけど、レミさんはおうちでそういうお話をなかなか聞けなかったんじゃないかって、こないだ率くん（次男の和田率さん）が言ってた。

平野　質問したらきっと何でも教えてくれたんだろうけど、私、質問するようなこと思いつかないんだもの。だから和田さんが、なんで私みたいな女の人を好きになったのか、さっぱりわからないのよ。一度、聞いてみたかったたな。

清水　でも和田さんがレミさんに興味を持って、伝手《つて》を頼って紹介してもらって、一週間で結婚しちゃったんだから、これも和田さんの直感力なんじゃないかなあ。そして、ピンときたらブレない。

平野　私がテレビの生放送でシャンソンを歌ったとき、歌い始めたらうまく声が出なくて「もう一回はじめからお願いします」って言ったのが、よかったんだって。

阿川　それで、当時レミさんとラジオで共演されていた久米宏さんに、紹介をお願いしたわけでしょう？　久米さんは紹介を断ったらしいけど（笑）。

平野　「彼女はやめておいた方がいい」って言ったらしいよ。私、クレイジーと思われてたから（笑）。でも和田さんは、「この人は料理が上手だろう」とピンときたみたい。ほら、久米さんとのラジオ番組は街頭から生放送したりするから、私が「あら奥さま、今日の晩ご飯は何にするの？」なんていろいろ突っ込んで聞くでしょ。それだけで会ってみようと思うんだから、考えてみればすごいことよね。

料理って、こういうことでいいんだ

阿川　和田さんのお別れの会を三月にすることが決まったけど、レミさん、まだちょっと元気ないね。でも何かと忙しいでしょう。

清水　お墓は、もう決まってるの？

平野　和田さんは前に、私の両親のためにかっこいいお墓をデザインしてくれたの。だから、そこに一緒に入っちゃう。

清水　お骨は食べた？

平野　ちょっとカリカリした。だからもう一心同体よ。

清水　まだまだ寂しい気持ちに襲われるだろうけど、目の前に仕事があってよかったよね。

平野　ほんとにそうよ。ありがたいよね。仕事があって本当によかった。

阿川　趣味でも何でも、人から必要とされる場所があるのは、大事なことよね。

平野　今は「ごごナマ」に毎週出てるから、新しいレシピを考えるでしょ。大変だけど、それが楽しいのよね。料理って、食べられるものどうしを組み合わせていろんなことができるじゃない。やっぱり、楽しくてしょうがないの。

阿川　「料理愛好家」としてのレミさんのお仕事のバックアップも、和田さんはずっと熱心になさってきたよね。料理の本の装丁や挿絵はもちろんだけど、おもしろい料理名をつけたりとか。

平野　青山の骨董通りに、「ふーみん」っていう中華料理屋さんがあるじゃない。昔は神宮前にお店があって、和田さんはその頃からのお客さんだったの。そこのねぎそばは汁なし麺にねぎやしょうがのってて、熱いごま油を最後にジュッてかけるんだけど、和田さんが「麺をワンタンに変えてみたら、おいしいんじゃない？」って言ったんだって。今や、そのねぎワンタンが看板メニューだから、今度お店の方がうちにご挨拶に見えるの。

清水　和田さん自身が、お料理好きだったんだ。

平野　そうよ。「五秒ヴィシソワーズ」っていうのがあって、牛乳とトマトジュースを一対一で割るの。あとは塩、胡椒とオリーブ油で味をととのえてバジルを添えるだけ。ただそれだけなのに、とってもおいしいの。和田さんが、最初にそういうことを教えてくれた。私が今のお仕事を始めるずっと前のことよ。それで、料理ってこういうことでいいんだって知って、私、いっぱいひらめいちゃうようになったの。

阿川　今のレミさんをつくったのが、和田さんとも言えるのね。

平野　アイデアがいっぱいな人だった。縁の下の力持ちね。

父が先か、息子が先か

阿川　私、なぜだか憶えてないけど、唱くん（長男の和田唱さん）のライブに、和田さんと二人で行ったことあるのよ。

清水　あれ？　母親をさしおいての息子見学。

平野　そんなことあったの？　ありがとう。

阿川　たぶんレミさんの都合が悪くなって、私を誘ってくださったと思うんだけど、会場は若者たちで大盛り上がりでしょ。それを見て、和田さんが「なんだか騒々しいね」なんて照れ笑いしてらしてね。

清水　武道館？

阿川　そう。そしたら帰るとき、たくさんの若者の中からパッとひとりが駆け寄ってきて、「サインをお願いします」って言うの。

平野　和田さんに？

阿川　和田さんの本を持ってたのよ。父と息子、どちらから先にファンになったかはわからないけど、びっくりするよね。サインしたあと、「ふん」ってまた照れ笑いしてらした。

清水　唱ちゃんはデビュー前から堂々としてて、あがらない子だったね。和田さんの一〇〇冊記念のパーティで、エリック・クラプトンがカバーした古いブルースを歌ったじゃない。あのとき、「この子はぜんぜんあがってない。淡々としててすごいな」と思った。

平野　あのとき十七歳で、大ぜいの人の前で歌うのははじめてだったけど、あれがきっかけでプロダクションの人に声をかけられたのよ。

阿川　前にレミさんとタクシーに乗ったら、ラジオから唱くんの歌が流れてきて。そしたらレミさん、「これ息子！　これこれ！　これ息子！」ってあんまり言うから、それで私、トライセラトップっていうのをはじめて知った（笑）。

平野　ちがうよ、トライセラトップス！

阿川　あははは。失礼しました。

清水　私は唱ちゃんの歌うマイケル・ジャクソンのカバーがすごい好きで、新幹線でレミさんに聞かせたことがあるの。そしたら、「これ誰？　誰？　すごい上手！」って。母親なのに、よくわからないものだなって思った（笑）。

阿川　唱くんは、お二人の息子であることを伏せておきたい、と思う期間がしばらくありましたよね。
平野　言っちゃいけなかったの。ずいぶん我慢した。
清水　レミさんを黙らせておくのは、むずかしいことだしね。
阿川　うっかり話したら、怒ってご飯を食べてくれなかったりしたのよね。
清水　そういう意味じゃ、和田家はみんな控えめ。私、ドラマに出てみて「やっぱり演技は照れとの戦いだな」って思ったけど、レミさんも恥ずかしがり屋だから、セリフを言えそうなイメージがない。
平野　あら、でも私、黒澤明と伊丹十三から「映画に出てくれ」って言われたことあるのよ。
阿川　え、ほんと？　すごいじゃない。何の映画？　『乱』？
平野　何だか知らない（笑）。話がきた瞬間、断っちゃったから。あ、そうだ。そういえば加山雄三さんがね。

阿川　また、急に話がとぶ……。何？　黒澤明の話？

平野　そうじゃないのよ。あの人、脳梗塞だったじゃない。それが快復したんだけど、今朝だったかな、みんなに見守られながら……。

阿川　えっ!?

平野　朝ご飯食べたって。

阿川・清水　（爆笑）

平野　やった！　成功した。私、途中で笑っちゃうから、なかなかうまくいかなかったのよ。佐和子ちゃんが「えっ!?」って言ったとき、うまくいったと思ったね。

清水　さすが「聞く力」。

阿川　これはもはや「促す力」だな。司会進行の参考になった？

清水　うん、勉強になった（笑）。この連載も頑張るわ。

レシピさくいん

本書は二〇〇七年十一月十日に筑摩書房より刊行された新書『笑ってお料理』に加筆・修正し単行本化した作品です。

「夫婦対談　和田誠×平野レミ」は『週刊朝日』（二〇一四年四月十八日号「平成夫婦善哉」）より、「鼎談『和田誠を偲ぶ』　清水ミチコ×阿川佐和子×平野レミ」は『婦人公論』（二〇二〇年一月二十八日号　連載「清水ミチコの三人寄れば無礼講（第三十四回）大すきな人」）より転載し、加筆・修正しました。

平野レミ（ひらの・れみ）

料理愛好家、シャンソン歌手。主婦として料理を作り続けた経験を生かし、NHK「平野レミの早わざレシピ」などテレビ、雑誌を通じて数々のアイデア料理を発信。また、レミパンやエプロンなどのキッチングッズの開発も手がける。著書に『ひもほうちょうもつかわない　平野レミのおりょうりブック』（福音館書店）、『ド・レミの子守歌』（中央公論新社）、『新版　平野レミの作って幸せ・食べて幸せ』『野菜の恩返し』（以上、主婦の友社）など多数。Twitter（@Remi_Hirano）でも活躍中。

和田誠（わだ・まこと）

グラフィックデザイナー、イラストレーター。一九五九年多摩美術大学卒業、ライトパブリシティに入社。六八年からフリー。七七年より四十年余り『週刊文春』の表紙を担当。七四年講談社出版文化賞ブックデザイン部門受賞。八九年ブルーリボン賞監督賞、九四年菊池寛賞、九七年毎日デザイン賞、二〇一五年日本漫画家協会賞特別賞ほか、受賞多数。著作は二〇〇冊を超える。二〇一九年逝去。

家族の味

二〇二一年三月八日　第一刷発行
二〇二二年九月五日　第五刷

著者　平野レミ
絵　和田誠
発行者　千葉　均
編集　辻　敦
発行所　株式会社ポプラ社
〒102-8519　東京都千代田区麹町4-2-6
一般書ホームページ www.webasta.jp
組版・校閲　株式会社鷗来堂
印刷・製本　中央精版印刷株式会社

Printed in Japan N.D.C.914/157P/19cm ISBN978-4-591-16969-8
日本音楽著作権協会（出）許諾第 2100819-205 号
P8008332